"品读南京"丛书

丛书主编
曹路宝

南京历代佛寺

邢定康
邹尚　编著

南京出版传媒集团
南京出版社

图书在版编目（CIP）数据

南京历代佛寺 / 邢定康，邹尚编著. -- 南京：南京出版社
（品读南京丛书）
ISBN 978-7-5533-2098-4

Ⅰ.①南… Ⅱ.①邢… ②邹… Ⅲ.①佛教—寺庙—介绍—南京 Ⅳ.①B947.253.1

中国版本图书馆CIP数据核字（2018）第003615号

丛 书 名：品读南京
书 　 　名：南京历代佛寺
丛书主编：曹路宝
本书作者：邢定康　邹　尚
出版发行：南京出版传媒集团
　　　　　南 京 出 版 社
　　社址：南京市太平门街53号　　　　　　邮编：210016
　　网址：http://www.njcbs.cn　　　　　　电子信箱：njcbs1988@163.com
　　天猫1店：https://njcbcmjtts.tmall.com/　　天猫2店：https://nanjingchubanshets.tmall.com/
　　联系电话：025-83283893、83283864（营销）　　025-83112257（编务）

出 版 人：项晓宁
出 品 人：卢海鸣
责任编辑：张　龙
装帧设计：潘焰荣
责任印制：杨福彬

排　　版：南京新华丰制版有限公司
印　　刷：南京工大印务有限公司
开　　本：787毫米×1092毫米　1/16
印　　张：12.5
字　　数：180千
版　　次：2018年3月第1版
印　　次：2018年3月第1次印刷
书　　号：ISBN 978-7-5533-2098-4
定　　价：40.00元

天猫1店　　　　天猫2店

编 委 会

目　录

佛塔篇

佛窟与其他篇

附　录

前 言

　　南京在历史上一度被称为"佛都"，六朝时期佛教在这座城市的初传、发展和盛行是原因之一。

　　东吴时期，江南地区的第一座佛寺——建初寺在南京诞生。自此，佛教在江南有了传播基地和载体。也是从那时起，一批又一批古印度僧人跋山涉水来到这里，以佛寺为译场，译经弘法，使之成为三国时期译经最多的地方，尤其是成为最早的密宗经典译成地。

　　时至东晋，本土僧人法显，不辞辛劳，跋山涉水，去"西天取经"，获取了众多的律藏经典并译之，还写下了《佛国记》这样的经典之作。也是在这一时期，朝廷内曾有过"沙门不敬王者"的大讨论，最终是以佛教文化获胜而告终，也提升了佛教的政治地位和社会影响力。此外，艺术家戴逵、顾恺之、张僧繇等开始了为佛寺造像中国化的实践，对后世佛教造型艺术的发展有着深远的意义。

　　南朝时期，这里的佛教文化达到了最高峰，当时不仅佛寺林立，而且各种学术宗派已日渐兴起。有现代学者指出，中国佛教的大小乘各宗，无一不和这里有关。此外，南朝宋时，在南京比丘尼受完整的具足戒，此为全国之首。自此，比丘尼获得了与比丘同样的佛教地位。齐梁时，僧佑在寺庙营建般若台造立经藏，开中国佛寺收藏佛教典籍之先河。尤其是"皇帝菩萨"萧衍，将佛教奉为梁朝之国教，不仅数次"舍身"做和尚，还首创水陆法会，并亲撰《断酒肉文》，通令照行，佛教地位因此盛极一时。

六朝以后，伴随着南京城市地位的下滑，佛教地位在这里也有所下降，然而六朝时期所形成的"三论宗""天台宗""牛头宗"等宗派雏形却陆续在各地开花结果。

明代佛教的复兴是南京被称为"佛都"的另一个重要原因。

尤其是明初洪武、永乐之际，南京成为全国的政治、经济和文化中心，也迎来了南京佛教文化的第二个"黄金时代"。明朝专设了僧录司，掌管天下佛教事务，对佛教的重视程度和管理力度，是历代不曾有过的。当时，名闻天下的佛教大藏经《永乐南藏》在这里诞生。《永乐南藏》的印刷传播，影响极大，南京也因此成为全国佛经流通的中心。还有，被誉为"中世纪七大奇迹"之一的金陵大报恩寺琉璃塔拔地而起，见证了佛教在南京的再度辉煌。

本书书名既然是《南京历代佛寺》，因此以寺庙为引阐述南京佛教文化，是恰到好处的。寺庙乃佛教"三宝"（佛、法、僧）生存的必备条件。要想了解佛教文化，应从了解佛寺开始。为此，我们重点设置了"佛寺代表"篇，选择典型的寺庙加以介绍，其中也包括现今已不复存在的庙宇。另外，考虑到佛塔、佛窟亦是佛教建筑的代表，虽与庙宇相系，又有相对的独立性，于是增设了"佛塔""佛窟与其他"两篇。此举旨在通过聚焦佛教的建筑，更开阔地观察金陵佛教文化，以期能得到广大读者的认可。

邢定康 邹 尚

佛寺史略

六朝的兴盛

在敦煌莫高窟初唐第 323 窟北壁上，呈现着康僧会在东吴建业（南京）建立建初寺的一幅壁画。南京的建初寺何以会入选敦煌莫高窟？因它是南京乃至江南佛寺之始，也因此奠定了南京在中国佛教史中的特殊地位。

佛教乃外来文化，起源于公元前六世纪至公元前五世纪之古印度南部（今尼泊尔境内），由被称作佛祖的释迦牟尼创立。佛教传入中国，大约是在公元一世纪前后，而通常认为汉明帝永平十年（67 年）洛阳建白马寺为其始。实际上南京早在建初寺之前，已有月氏国人优婆塞（男居士）支谦来译经传道，现在也把康僧会于赤乌十年（247 年）在城南立佛寺，作为传入南京的一个标志。

众所周知，佛、法、僧为佛教的"三宝"。然而，寺庙是"三宝"生存的必要条件。正因为如此，以寺庙作为佛教传入的一个标志就比较好理解了。其实，要想了解佛教，也真应该从了解佛寺开始。

除了佛寺，佛塔、佛窟也是佛教建筑的主要代表，虽均为舶来物，却也均已融入我国的文化之中。

敦煌壁画"康僧会金陵传教图"

寺，印度梵文音译为"僧伽蓝"或"僧伽罗摩"，意思是僧人的居地。既然是僧人的居地，中国第一座"僧伽蓝"（即白马寺）落地后，就没有做音译，而是取了一个原为高级官署的名称——"寺"。据传，当时"寺"的平面布局，虽沿用"僧伽蓝"的中间为塔、四周为廊庑僧舍的形式，但建筑的外观及结构已完全中国化。南京的六朝佛寺，亦当为此。特别是东晋、南朝时期，佛寺林立，盛况空前，除了僧尼自家营建的之外，有帝王创建的，如同泰寺、开善寺；有王室成员捐建的，如永庆寺；有士大夫、帝王舍宅为寺的，如栖霞寺、光宅寺；有于家起寺的，如高座寺；有就阁起寺的，如弘济寺；有在官办作坊上立寺的，如瓦官寺等。唐代诗人杜牧作怀古诗《江南春》，发出"南朝四百八十寺，多少楼台烟雨中"的感慨，原以为是出于艺术夸张的手法，其实尤为不及。南朝时期仅钟山就有寺七十余所，堪称"佛国净土"。更有《续僧传》卷15记载："钟山帝里，宝刹相邻，都邑名寺，七百余所"也。

窟，即佛窟，原本也是佛寺的一种，梵文译作"支提洞"，又称"塔庙"，是僧侣们在山中凿窟，在窟中刻塔、刻像、拜佛修行和居住的场所。这种建筑样式大约在公元3世纪传入中国，后在不断的实践应用中，逐步弱化了其中的居住功能，以适应本土僧众的生活习俗。取而代之的是寺院与石窟相结合的形式。而窟中的石刻、塑像等，成为后世不可多得的艺术瑰宝。南京栖霞寺与千佛岩即为典型的案例。

塔，梵文音译为"堵波""偷婆"等，初为供奉释迦牟尼身骨舍利的半圆形墓冢。《魏书·释老志》云："释迦生于周末，其卒也。门人积薪焚之，骨殖分散，大小如砾。弟子收置于瓶，建塔供奉。"《辞源》引《释氏要览》载："释迦既卒，弟子阿难等焚其身，有骨子如五色珠，光莹坚固，名曰舍利子，因造塔以藏之。"这个外来的"堵波"初传中国时，汉字中并无"塔"字，便依据其含义及外形等，将其译为浮图、佛图、圆冢、高显、灵庙等，前后共计二十多种译法。为统一规范其称谓，佛学及语言学者可谓是费尽心思，方创造出了一个全新的汉字——塔。有意思的是，"塔"一经入境，便不再是半圆形坟冢式的"堵波"，而是与中国式楼阁相结合，创新为一种新颖的高层建筑，并将舍利藏于建筑下的地宫内，以表达对佛祖的尊敬。中国式佛"塔"，不仅文字新造，建筑亦为新造，并在之后的发展中呈现出丰富多彩的佛塔样式。"塔"，以后又更为广泛地被运用到其他独立的高层建筑上，如灯塔、望塔、纪念塔、电视塔等。

这里还需普及一下佛教的一般常识。佛教经传播分为北传佛教和南传佛教。北传佛教分布在中国大部分地区，以及日本、朝鲜、越南等国，以大乘佛教为主，其经典属汉语系统。而分布在中国西藏、青海、内蒙古，以及俄罗斯西伯利亚地区的，为北传佛教中的藏传佛教，其经典属藏文

梁武帝崇佛图

系统。南传佛教则分布在中国云南省部分地区，以及斯里兰卡、缅甸、泰国、柬埔寨、老挝等国，以小乘佛教为主，其经典属巴利文语系。

南京佛教，当属以大乘佛教为主的北传佛教，一经落地，便自然而然地与中国的传统文化相结合。东吴康僧会在建初寺传教时，就宣扬佛教的菩萨行为与孔孟之道的"仁政"是一致的。他还常引用老、庄之言以阐明佛理，使外来佛教与本土玄学相融合，以易于被士民所接受。这也开了佛教在中国玄学化的先河。东晋佛教代表支道林亦运用玄学术语来表达佛学义理，得到崇尚玄学的简文帝司马昱，以及谢安、王羲之等显贵对佛教的认同，大大促进了佛教的发展。

自建初寺以降，讫于南朝陈末，在长达三百六十多年的时间里，建业或建康（今南京）均为江南政治统治中心。如果说南京的佛教在东吴、东晋属初传兴起时期，已可与北方的洛阳形成对峙，那么到了南朝，形成了繁荣鼎盛之局面，并取代北方的洛阳及长安（今西安），成为全国的佛教中心。南朝的宋、齐、梁、陈四朝皇家士族、文人学士无不崇信于佛教，痴迷于佛教，尤以梁武帝萧衍为最。他不仅亲建寺庙，又舍宅为寺，还数次"舍身"于寺充当和尚，被称作"皇帝菩萨"。他还亲撰《断酒肉文》，通令照行，致使佛教徒废除了肉食的习惯，包括佛寺的供品也仅限蔬果。陈武帝陈霸先也有过一次"舍身"。《陈史·武帝本纪》记："陈武帝永定二年五月，驾幸大庄严寺舍身。"在如此强有力的推动下，"南朝四百八十寺"之咏叹也就不足为奇了。

六朝南京之佛教，如果说"四百八十寺"仅仅是表象，那么佛学研究之博大精深，则是无可争辩的内功了。这一时期，众多高僧云集于此，将佛寺作为"译场"孜孜不倦地译经，富于创造性地弘法，硕果累累。

例如，东晋初尸梨密译《大孔雀明王神咒》等，江南始传高声梵呗。又如，南朝宋求那跋摩译《菩萨善戒经》等，使大乘戒法与瑜伽学说始传江南。再有，畺良耶舍的《观无量寿经》，佛陀什的《五分律》，求那跋陀罗的《楞伽经》等佛典译著，一直流传至今，对后世影响极大。据粗略统计，仅宋、齐、梁、陈四代，共译出经、律、论、传、记、新集失译诸经等凡1077卷，成果斐然。当时的佛学思想也十分活跃，不同的学说在此皆可开堂宣讲。例如，高僧竺道生于青园寺研讲《大般泥洹经》，成为江南涅学的先驱，世传"生公说法，顽石点头"。他还提出"一切众生皆有佛性"之说，使"众生平等"的佛理有了社会实践的价值。时下佛教学说有所谓的"六家七宗"，其中的心无宗、识含宗、即色宗、本无异宗及幻化宗等，几乎都与建康城有关。总之，众僧积极弘法，各抒己见，使南朝形成了丰富而成熟的佛教思想体系。

唐代大诗人杜牧的《江南春》一诗，记录了当时南京佛教文化的鼎盛：

千里莺啼绿映红，水村山郭酒旗风。

南朝四百八十寺，多少楼台烟雨中。

隋唐宋元的衰落

隋、唐、宋、元时期，南京佛教地位伴随着佛寺数量的萎缩，有所衰落。尽管如此，其在江南的地位仍不可动摇。值得一提的是，南京六朝时期奠定的佛学根基，在这一历史阶段陆续开花结果，并将种子远播他国。

南京佛寺在这一历史阶段的衰落，究其原因，主要是东汉以后南北分裂的局面宣告结束，政治中心统一到了北方。众所周知，佛教的发展是需要有强大的政治和经济力量作后援的。六朝时期的南京就十分典型。反之，则不言而喻。隋朝统一中国后，推行佛教治国政策，曾诏令全国八十三个州建舍利塔，并指定首先要将舍利送往南京的栖霞寺。尽管这是出于隋文帝对南京的关照，但毕竟鞭长莫及，表面文章可以做，实际上给不了什么实际的支持。唐、宋、元几代亦然，甚至还刻意矮化南京应有的地位。

与此同时，佛学研究领域一度出现了"文人化"倾向，即侧重于佛儒道"三教既合"之研究，讲求佛教思想与太极、五行、天人感应等思想之融合，而轻佛寺建设及礼拜佛像。这对包括南京在内的佛寺发展有着不小的影响。真正的灾难还在于，唐武宗时实行了灭佛政策，规定各地只允许保留一寺，其余皆要拆除。南京佛寺因此而全面崩溃，即使是唐初被列为"天下四大丛林"之一的栖霞寺也在所难免，后虽在宣宗年间复原，却已元气大伤，难追旧观。

五代十国时，南京成为南唐的都城，也是在这个时间段，佛寺活动又有所活跃。南唐的三代君主都崇佛，特别是后主李煜，如史书所记，他"朝退与（皇）

隋文帝分送舍利

后顶僧伽帽，衣袈裟，转诵佛书，手下暂释，拜跪顿首"，"酷信浮图之法，垂死不悟"。众寺僧深得其宠，以至于宋兵围攻都城时，纷纷表示要"披坚执锐出城斗战"。后被后主以"不可毁他教法"叫停。尽管如此，僧人勇于捍城的表现，

法融驯兽

已在南京城市史上留下印记。只是南唐命短，好景不长，空留下寂寞的"南唐二陵"。

南京佛寺虽在隋、唐、宋、元时期受到重创，但此间仍有若干可圈可点之处。

隋初，智顗"天台宗"在浙江天台山创立，成为中国佛教史上最早的宗派之一，对隋唐以后成立的各个宗派都有影响。这缘于南朝时期他在瓦官寺、光宅寺弘扬《法华经》结下的硕果。"天台宗"后于9世纪初传入日本，又于11世纪末由日本传到朝鲜。日本天台宗至今仍视瓦官寺为其祖庭。

隋后期，高僧吉藏创立"三论宗"，使之成为隋唐时期的佛教主流之一。吉藏的"三论宗"学说，渊源于摄山（栖霞山）学系。栖霞寺自南朝僧朗大倡"三论"（中论、百论、十二门论），又由僧铨相继，再有法朗等相传。而吉藏正是宗承了他的本师法朗的学说。栖霞寺为此成为江南"三论宗"的发祥地。

唐初，高僧善导创立"净土宗"，此宗派缘于东吴支谦译《大阿弥陀经》

《般舟三昧经》奠定的思想基础，信仰的是"往生阿弥陀佛极乐净土"。这也成为佛教的基本信仰。

唐贞观年间，高僧法融在牛头山幽栖寺及佛窟寺创立禅宗"牛头宗"。该宗派在东南地区极为盛行。宗派的一支还被称为"佛窟学"，东传日本。因法融对禅宗的杰出贡献，《僧史》称其为"醇懿瑰雄，东夏之达摩欤"。

南唐，高僧文益主持江宁（今南京）清凉大道场，撰《宗门十规论》等，创立了禅宗"法眼宗"。四方前来求学者数以千计，致使南京佛寺赢得了显赫地位。该宗派盛极一时，直至宋初。"法眼宗"还传入朝鲜，盛行海外。

北宋，天竺高僧施护将佛祖顶骨舍利护送至江宁长干寺。住持释可政建九层佛塔供奉。宋真宗赐其名"圣感舍利塔"，赐封释可政为演化大师。

元代，文宗皇帝诏令将其在南京的潜宫，改建为龙翔集庆寺。这也是这一时期南京新建的为数不多的重要佛寺之一。此寺至明代，改名天界寺，成为京城三大刹之一。元文宗，名图帖睦尔，登基前曾在集庆（今南京）主政三年，不仅崇尚佛教，还十分推崇孔夫子。他常到夫子庙视察，登基后还下旨加封孔夫人，夫子庙至今保存着《封至圣夫人碑》。

纵观隋、唐、宋、元之南京，其佛寺影响虽远逊于六朝时期，但仍不失为一方重镇。

明清时期由盛而衰

公元1368年，朱元璋在应天府称帝，定国号为大明，以应天府为南京。这是南京第一次成为全国性统一政权的都城。

沙弥出身的明太祖朱元璋，变元代崇拜喇嘛而转为支持汉传佛教，并在南京扩建、重建、新建了一大批寺院，佛事盛况可追六朝。南京佛寺可谓迎来了"黄金"第二季。据《金陵梵刹志》（明天启七年编印）载：南京佛寺已形成灵谷寺、天界寺、报恩寺三大刹，栖霞寺、鸡鸣寺、静海寺、弘觉寺、能仁寺五次大刹，普德寺、清凉寺、鹫峰寺、幽栖寺、弘济寺、瓦官寺等三十二中刹，华严寺、唱经楼、极乐寺等一百二十八小刹之格局。

南京佛寺的建筑布局风格，也是在这一时期大体奠定：朝向坐北朝南，依次为山门或金刚殿（也有两者兼得）、天王殿、大雄宝殿、法堂、毗卢阁或藏经楼、方丈室等，以及塔刹。在南北走向中轴线的东西设配殿，有伽蓝殿、祖师殿、三圣殿、弥勒殿、观音殿、开山堂等。有的佛寺在山门后会设左钟楼、右鼓楼，"晨钟暮鼓"。包括僧房、斋堂、茶堂等在内的生活区，一般在南北中轴线的东侧。斋堂前廊上悬木鱼形"梆"，进餐前击之为号。"梆"旁又悬云朵状"云版"，用以报时。

佛寺内的核心建筑为大雄宝殿，供奉释迦牟尼佛像。"大雄"，是对佛祖释迦牟尼的尊称，意为佛有大智力，无惧无畏，能降伏恶魔。也有供奉三佛的，为"三身佛"，或"横三世佛"，或"竖三世佛"。如供"三身佛"，自左向右依次为报身佛（名"卢舍那佛"，指以法身为因，经修习而获的佛果之身）、法身佛（名"毗卢遮那佛"，指体现佛法的法本身）、"应身佛"（即释迦牟尼佛，指佛为超度世间众生的需要而显现之身）。"横三世佛"，意为三个空间世界的佛。"竖三世佛"，指因果轮回的包括过去、现在、未来的三世佛。大殿佛像背面，一般为手持莲花或杨枝净瓶、立于海岛上的观音像。观音旁还有善财童子和龙女。大殿两侧则奉十八罗汉或十六罗汉像。凡大雄宝殿的陈设，大致如此。

明太祖深知佛教对巩固江山社稷之作用，为把佛门牢牢控制在手中，

《洪武南藏》书影

建立了一套完整的管理机构。他在南京登基的第一年，便在天界寺设立善世院，命僧慧昙管领佛教。后又仿宋制设中央机构"僧录司"，官级正六品，由六部中的礼部分管。各府州县也分别设僧纲司、僧正司、僧会司，掌管佛教事务。此外，寺庙则形成大刹管领中刹、中刹管领小刹的"金字塔"结构。例如，大刹天界寺统次大刹二座、中刹十二座等。还先后发布《申明佛教榜册》《周知板册》等文件，要求僧司造僧人僧籍册，严格规定僧人的行为准则。政府又推行了"约田赡僧"制。例如，次刹鸡鸣寺就分配到田产近四千亩等。实际上，政府是把佛教管理纳入国家机器的范畴，使寺院必须得为政权服务。

作为都城的南京，尽管政府对佛教有强烈的干预，但对佛教的重视和支持也是历代不曾有过的。各宗派包括禅宗、净土宗、天台宗、律宗等领袖汇集南京，讲经弘法。在这个盛世里，全国的高僧大德编纂、刻印了《洪武南藏》《永乐南藏》《永乐北藏》三部经书。因其内容主要由经、律、论三部分组成，又称作《三藏经》。其中的《洪武南藏》《永乐南藏》是在南京完成的，后一部还是在大报恩寺刻印并由寺院收藏。当时的高僧们都有很高的地位，有的还应聘参与了《永乐大典》的修撰工作。

明成祖朱棣将首都北迁后，南京虽然作为陪都（亦称"南都"），但仍难免失落，受此影响，佛寺开始走下坡路，但举世无双的大报恩寺的建成，又使人为之一振。这座集历代僧人弘法心愿于一身的巨作，对城市的建筑、文学、绘画、戏曲、医药、节庆，乃至旅游等诸方面都有很大的带动。明后期，古心法师在古林寺重振律宗，也使得南京在中国佛教中拥有不可替代的地位。

清代佛教基本沿袭明制。南京已被改称"江宁"，其佛寺数量也随之萎缩。不少明代遗老不仕新朝而遁迹寺庙，如江浦秀才郑继番在老山削发为僧，建立兜率寺等。尽管康熙皇帝六下江南，乾隆皇帝六次南巡，在南京游历了诸如栖霞寺、鸡鸣寺等著名寺庙，对南京佛寺发展有所促进，但终难使其重振精神。

明《金陵梵刹志》中的天界寺图

　　咸丰年间，轰轰烈烈的太平天国以"拜上帝会"取代儒、释、道各家，造了一个属于自己的"新神"，实行专制统治，致使南京佛寺难逃厄运。有"天下第一丛林"之称的灵谷寺在战火中毁灭，其内藏六朝的大铁钟和千年不朽的"肉身"也遭破坏。高座寺五百铁罗汉被用来制作兵器。太平天国将领还将各寺罗汉像"悉置雨花台上，夜间头上各置一灯"，把这些历代遗珍用作诱敌的枪靶，致使清兵"遥以为贼，枪炮日夜不息"，令人扼腕。更令人心痛的是，华夏的标志——大报恩寺和塔也在太平天国内讧中轰然倒塌。这也标志着南京佛寺"全军覆灭"。

　　同治、光绪年间，南京佛寺虽经竭力修葺、复建，已是十取其一。其时，城内仅余毗卢寺、古林寺、香林寺等三大刹。清末民初，全国佛教整体上受到"庙产兴学"运动的冲击，又使得南京佛寺更呈颓势，如同清代诗人王安修所作《过天盘岭至祖堂山望松林积雪凄神寒骨山炯映清景可爱》诗题中之"凄神寒骨"。幸后有居士杨文会建金陵刻经处，致力于佛经的出版和普及，给南京佛寺留下了不熄的慧灯。

　　回望南京佛寺历经之沧桑，不妨录下王安修的那首令人"凄神寒骨"的诗，聊以慰藉：

> 钟声来古寺，迟我下天盘。
> 径阻披云入，松高带雪看。
> 浮光闪窅霭，积照夺巑岏。
> 日落风初劲，诸天增暮寒。

民国至今的复兴

民国初期，中国佛教的代表人物太虚发起复兴运动。他与杨文会在南京毗卢寺筹备组织"中华佛教协进会"，以教理、教制、教产三大革命为号召。临时大总统孙中山接见了他们，对他们的行动予以赞许。之后，协进会虽遭解散，但其主张已得到佛教界的广泛响应，并产生了实际的影响。例如，高僧宗仰在孙中山先生支持下，将荒废了六十余年的栖霞寺整修恢复。佛教教育及慈善事业也开现代先河。杨文会居士的高徒欧阳渐创办了支那内学院。高僧印光等在法云寺（今三汉河一带）创办了"佛教慈幼院"，收容教养流浪孤儿。

民国十六年（1927年），国民政府定都南京，对佛教开始采取扶持政策。太虚大师被政府专程请到南京讲《佛陀学纲》。众多高僧大德，如太虚大师、喜饶嘉措大师、贡戈活佛、章嘉活佛等常在南京交流。中国佛教会及中国佛教研究会设在了毗卢寺，还有中国宗教徒联谊会也常在毗卢寺活动。为了培养弘法人才，南京的不少寺庙纷纷举办佛学院，如金陵佛学院、古林佛学院、普德佛学院、栖霞律学院等，还组织留学僧团赴暹罗（今泰国）、锡兰（今斯里兰卡）、日本等国留学。此外，支那内学院定期举行居士道场，开启了和尚可以拜居士为师、居士有资质说法的先河。难能可贵的是，有的寺庙还面向社会开办普通学校，如大雄中学等。首都南京，又一次成为全国的佛教中心。

抗战时期，南京佛教界动员起来，开展了抗日救亡工作。杏林寺住持宏明还在"七七"事变后，赴上海任僧伽救护队副队长，参加了淞沪战役的救护工作。南京沦陷后，侵华日军开始屠城。栖霞寺作为难民收容所，共收容难民二万多人。而众多寺院遭到血洗，大量僧尼被屠杀。坐落在新开武定门内城墙下的正觉寺，首当其害。这座佛寺初名水月庵，因庵中的缅甸玉佛为金陵仅有而知名。南京沦陷后，寺内的17位僧人全部被日军杀害。现在正觉寺的遗址上，立有遇难同胞纪念碑。汪伪政府时期，日本人在南京设东大本愿寺（上乘庵）、西大本愿寺等四座寺庙，

毗卢寺僧众旧影

并抓捕中国佛教会会长圆瑛法师，逼他出任日华佛教总会会长，甚至不惜动用严刑。圆瑛法师始终不屈，表现了一个中国人、也是一位佛教徒的民族气节。

日本投降，南京光复。中国佛教会由重庆迁回南京，在毗卢寺召开了抗战胜利后首届中国佛教会全国代表大会，并成立中国佛教总会，选举章嘉呼图克图为理事长。然而，历经多年的战火，南京佛寺已千疮百孔，景象萧疏，僧尼仅靠香火维持生计。至解放前夕，全市僧尼仅余 722 人。

新中国成立后，百废俱兴。南京市人民政府在千头万绪工作中，不忘关心佛教界，帮助其维系正常活动。1951 年，佛教界自发成立南京市佛教革新委员会筹委会，由融通大师任主任。后在政府支持下，又成立南京佛教学习委员会，由映彻大师任主任，组织僧尼学习时政，参加社会活动。1957 年，南京市佛教协会成立，会址设在毗卢寺。映彻大师任首届会长，并当选为市首届政协委员。自 1952 年始，在政府扶持下，金陵刻经处恢复正常业务，鸡鸣寺、灵谷寺、吉祥庵、清凉寺、栖霞寺等陆续修复开放。

之后，南京佛寺在史无前例的"文化大革命"中，全部关闭，被改作工厂、仓库等他用。众僧尼，包括金陵刻经处的人员全部下放，安排到红卫林场等处劳动。

南京佛寺的再次复兴，是在改革开放之后。1979 年，南京市佛教协会恢复工作。僧尼们也重返寺庙，并被补发生活费。从 1980 年开始，政

金陵刻经处

府拨款，首批修复栖霞寺、灵谷寺、鸡鸣寺，并陆续对外开放。在2000年前后，复建、重修的佛寺更如雨后春笋。

2008年7月，考古学家在大报恩寺遗址考古发掘时，发现了盛放佛祖顶骨舍利的七宝阿育王塔。2010年6月，在海内外高僧大德的见证下，佛祖顶骨舍利从阿育王塔的金棺银椁中被隆重请出。2015年10月和12月，供奉佛祖顶骨舍利的牛首山佛文化区、展示深藏佛祖顶骨舍利地宫的大报恩寺遗址公园，分别建成向社会开放。佛祖顶骨舍利盛世重光，是整个佛教界的一件大事，也是南京佛寺全面复兴的标志。

再回首，有感而录释太虚《秋游栖霞》诗一首：

> 新构营古刹，秋叶灿余霞。
> 白鹿泉声冷，青锋剑影斜。
> 荒林遣帝杰，奇石散天花。
> 翠浪浮空远，归途兴尚赊。

佛寺篇

江南始寺之建初寺

康僧会传教图

赤乌十年（247年），有一位西域僧人来到吴国都城建业（今南京），在古长干里造茅屋草庵，设立佛像，开始弘法。这位僧人系康居国人，单名"会"，被称作康僧会。他开创的寺庙，得到孙权的恩准，为江南佛寺之始，故名建初寺。它的建立，是佛教在南方兴起的一个标志性事件，在佛教史上有着特殊意义。

康僧会（？～280年），世居天竺（今印度），因其父经商移居交趾（今越南），10岁时父母双亡，服丧期满后出家当了和尚。他后来在中国成长，精通汉语，潜心修佛，博览六经。自他来到建业，毕生在建初寺专事讲法译经，弘扬佛法，曾译出《六度集经》《吴品经》等佛教经典7部20卷，写作《安般守意经》《法镜经》《道树经》等经注等3部。由于他曾师从佛经汉译创始人安世高的高足陈慧，成为安世高的再传弟子。为此，他的经译著作"妙得经体，文义允正"，且典雅易懂。他守望建初寺30余年，于天纪四年（280年）圆寂坐化。

明《神僧传》记叙了康僧会初来建业创寺的经历，颇具神话色彩。

一日，管安全的官吏向孙权禀报："有胡人入境，自称是和尚，面容和穿着怪异，其行为值得检查。"孙权若有所思地说："曾听说汉明帝梦见过一种神，称为佛陀。你们见到的莫非是佛陀遗风？"于是，孙权召见了康僧会。

孙权问康僧会："佛有何灵验？"康僧会云："佛如来足迹能够在一瞬间越过千年。其遗骨舍利神圣光曜、无所不能。"孙权认为对方是在夸大其词，当即表示："如若你能得到佛舍利，便为其造佛寺供奉；如有半点不实，国法不容。"康僧会承诺可在七天内办到。

康僧会将一个静室打扫干净，在静室的几案上置铜瓶，用心念佛，恭请佛舍利。七天过去了，铜瓶并无动静。他请求延长七天时间。第二个七天过去了，铜瓶仍无动静。他请求再延长七天，以三七为限。眼看最后的期限将至，就在第三个七天的五更时分，铜瓶铿然有声，一粒舍利已现瓶中。次日清晨，满朝文武大臣前来观看。孙权亲自手执铜瓶，将舍利倒入一个铜盘，不想铜盘竟被击碎。孙权惊而肃然，连声道："此乃祥瑞之物呀。"康僧会继而进言："此舍利威力无比，烈火烧之不毁，金刚杵之不碎。"孙权下旨试之，果然如此。于是，孙权为康僧会建寺并建阿育王塔。为此，建初寺所在地也被称作佛陀里。

《神僧传》还记录了这么一件事：至孙皓即位，"法令苛虐，废弃淫祀毁坏佛寺"。孙皓帝甚而将卫兵掘得的金佛像，置于"不净处以秽汁灌之，供诸群臣笑以为乐"。不想，他刚做完恶作剧，便浑身肿胀，尤以阴部疼痛难忍，后经"太史占言"，方知"犯大神所为"，且将那尊金佛像供奉殿上，"香汤洗数十遍，烧香忏悔，皓叩头于枕，自陈罪状。有顷痛间（指疼痛已变得断断续续）"。他还遣使请建初寺康僧会入宫说法，顿悟而"欣然大悦"，"既就'会'受五戒，旬日疾瘳"。由此可见，康僧会及建初寺在当时具有相当大的影响力。

前面说过，康僧会的建初寺坐落在古长干里。那么，历史上的长干里是在什么地方呢？长干里的"干"，是江东方言对山冈间平地之称谓。南宋《六朝事迹编类》云："江东谓山陇之间曰干。建康（今南京）南五里有山冈，其间平地，庶民杂居，有大长干、小长干、东长干并是地名。"可见，古长干里的范围很广，大致包括秦淮河南岸到今雨

康僧会向孙权弘佛故事

花台一带，是当时繁华的商贸区和居民区，也是佛寺最为发达的地区。稍后于建初寺在长干里修建的长干寺，即是以地名为寺名。后来，由于各种原因，原先秦淮河以南的长干里被城垣分割为两部分，城外延续了基本格局，而另有一部分被圈进了城内。

因建初寺为江南第一寺，大家都很关注它的具体位置今在何处。由于其历史久远，至今尚未有定论。建初寺，曾被称作大市寺，是因寺前有孙吴时的"大市"，以此为寺名。据近几年的考古成果，孙吴"大市"的方位，大致在今城内马道街、颜料坊一线。由此可以推测出建初寺的大致地点。

据有关史料记载，至隋唐时期，建初寺仍十分活跃。唐永徽三年（652年），牛头宗初祖法融禅师曾应地方官礼请到建初寺讲经说法。唐显庆元年（656年），法融禅师驻锡其寺，并于次年在此圆寂。由此可见建初寺在当时的地位和影响非同一般。只是唐代以后，就难以搜索到有关建初寺的踪迹了。

长期以来，佛学界有人认为，城内饮虹桥南保宁坊内原有一座保宁寺，是建初寺的继承者。宋《景定建康志》、元《至大金陵新志》、明《正德江宁志》均有此记录。也有人将建初寺认作是报恩寺的源头。据明《金陵梵刹志》载："报恩即长干，建初与长干相望，其地皆为佛陀里。建初废掌故自宜入长干，以征江南塔寺之始。"这也是一种说法。如今，建初寺已经复建，是利用大报恩寺遗址南隅三藏殿的残存建筑，呼应了"以征江南塔寺之始"。

无论怎么说，作为江南首寺的建初寺，永远定格在了敦煌莫高窟的壁画上，在佛教史上有着不可替代的作用和地位。明朱元璋《御制侍郎黄立恭完塔记》及朱棣《御制大报恩寺碑》之碑文，均尊建初寺康僧会为大报恩寺之开山始祖。清乾隆也有一首《大报恩寺》诗，是在向建初寺致敬：

> 南朝四百八十寺，惟有建初真最初。
> 步长干巷寻觉路，想赤乌年创佛庐。
> 放烛天光镇如彼，登凌云顶记曾予。
> 拾级笮睁姑且置，千秋兴废慨凭余。

由长干寺到大报恩寺

长干寺，与建初寺一样坐落在古长干里，以地名为寺名，因建有阿育王塔，又称阿育王寺。

长干寺建寺的具体年代和创办人，尚无史料可供查寻，仅知初为比丘尼建的一个小精舍，后毁于吴末孙琳之乱，西晋初由僧人原址重建。就是这么个起初并不显眼的佛寺，虽屡兴屡废，然历久弥新，千年传承，最终成为全国最高规格的皇家寺庙大报恩寺。

在历史的长河中，长干寺于东晋时迎来第一个机遇，获取了阿育王第四女所造的金佛像及其铜花跌、佛光焰，为此重修了阿育王塔。特别是孝武帝宁康年间，高僧慧达在寺内发现佛祖真身舍利等，轰动南北。为此又建一塔，形成双塔供奉之制。

南朝梁武帝时，长干寺的发展达到了一个高峰。大同三年（537年），梁武帝下旨改造阿育王塔，并整理塔下佛舍利。他两次亲临寺庙礼拜，设无碍大会，大赦天下，并施钱一千万为寺基业。次年，梁武帝再到寺庙，再设无碍大会，还大兴土木，扩建寺庙，改造双塔，使之成为南朝最重要的寺院之一。

隋代，长干寺因政治原因遭废弃。其舍利等圣物被移奉长安（今西安）日严寺，所幸移奉的工作出了差错，仅移走了一部分。据《天禧寺新建法堂记》载：寺址"至南唐时为营，庐舍杂比，汗秽蹂践，无复伽蓝绪余"。

北宋真宗大中祥符年间，释可政将长干寺旧址屡现舍利灵迹之事写成折子上报朝廷，最终获准在原址重建了寺院。为供奉北天竺高僧施护带来的祖顶骨舍利及旧院原有的感应舍利，释可政及守滑州助教王文等新建了九层佛塔，于大中祥符四年（1011年）举行"阖郭大斋"。宋真宗得知佛祖舍利显灵，派人查证而"信其事"。天禧二年（1018年），宋真宗下诏整修长干寺，赐名九层佛塔为"圣感舍利塔"，赐封释可政为"演化大师"。天禧年间，长干寺改称天禧寺。北宋后期，天禧寺先对地形进行改造，以正风水，尔后进行过一轮大规模的建设，奠定了寺庙以后的基本布局。

元代，天禧寺被皇家选为讲所之一。高僧志德奉旨入讲天禧寺，被元世祖忽必烈赐予"佛光大师"封号。天禧寺亦获"元兴天禧慈恩旌忠寺"赐额。此后，佛光大师主持天禧寺三十年有余，直至坐化。其后天禧寺的稳定发展，还得益于元文宗提供的关照。文宗为武宗次子，登基前曾外放南京并主政三年，在此期间数次到过天禧寺。他登基后，不仅以赏赐方式为寺庙筹措维修资金，还直接出面任命佛光的弟子广演为寺庙住持，赐号"弘教大师"。在佛光及弘教的苦心经营下，天禧寺拥有了崇高地位。元末，战火纷飞，天禧寺除舍利塔的塔身幸存外，均遭毁坏。

明太祖朱元璋定都南京后，起初并不看好天禧寺，加之胡惟庸案发，认为风水有问题，曾下令将其拆移钟山，后因在拆迁过程中出了人命，方才作罢。就在朱元璋进退两难之际，工匠出身的鞍辔局大使黄立恭建言在原址重建，并承诺经费由民间筹措，得到了恩准。天禧寺重建工程历时三年，于洪武二十一年（1388年）完成。朱元璋对此深表满意，亲自指定僧录司右讲经守仁为该寺住持。这也才有了前面提到的他亲自撰写的《御制侍郎黄立恭完塔记》。重建后的天禧寺，与灵谷寺、天界寺并列为南京三大刹。

明成祖朱棣登基后，曾下令修缮天禧寺浮图，据记载，"落成之日，车驾临幸，命师庆赞。祥光烨煜，万众聚观，天颜愉怿"。永乐五年（1407年），仁孝皇后去世。朱棣下令在天禧寺举行盛大法会，并亲自撰文记录了这一盛典。不曾想，次年的某日，发生了一件十分诡异的事：有位"妖僧"点燃了天禧寺大殿。这把火竟然将整个庙宇，包括圣感舍利塔在内全部烧毁。顷刻间，存世仅二十多年的新天禧寺化为灰烬。面对断墙残壁，朱棣决定倾其力重建。这就是举世无双的大报恩寺及琉璃塔。有关大报恩寺琉璃塔的详情，将安排专门章节介绍。

大报恩寺项目于永乐十年（1412年）开始动工。时任南京守备的郑和，以及内宫太监汪福、永康侯徐忠、工部侍郎张信等担任了监工官。当时曾从全国征集良匠军工计10万余人，动用钱粮银2485484两，连郑和下西洋所余百万两也都补贴上。整个工程历时17年，于宣德三年（1428年）宣告建成。

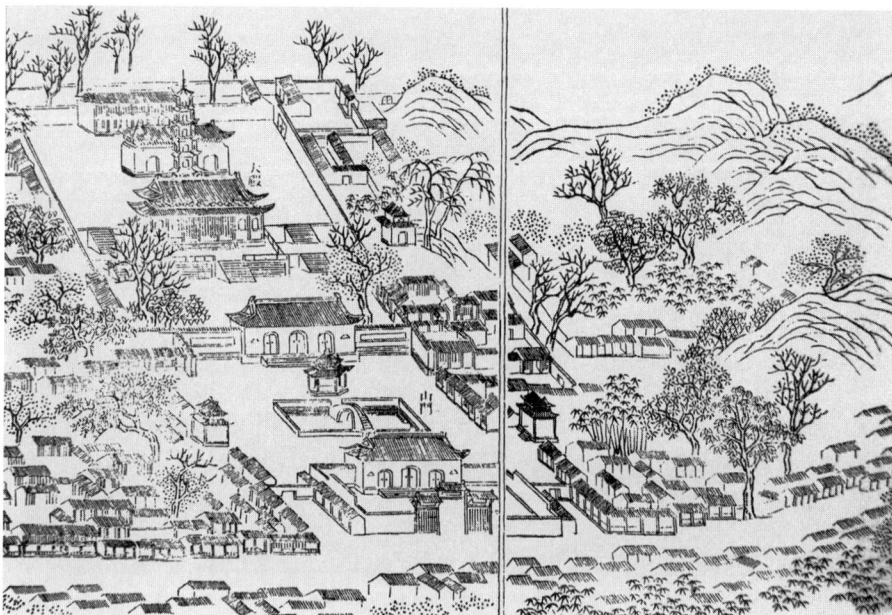

大报恩寺

建成后的大报恩寺，其范围东起晨光机器厂（今晨光1865），西至雨花路，南达雨花台山脚，北抵外秦淮河（亦为护城河），周围9里多路，因此，民间有"骑马关山门，九里十三步"之说。寺院的建筑规模十分宏大，有金刚殿（山门）、碑亭、天王殿、大佛殿、观音殿、祖师殿、伽蓝殿、三藏殿、法堂、钟楼、藏经殿、画廊、禅堂、僧房等，更有被外国人视为"中国之大古董，永乐之大窑器"的九层琉璃塔。据说此塔还被冠以"中世纪世界七大奇迹之一"的名号。

这里要补充说明的是，大报恩寺项目起初是以复建"天禧寺"为名开工建设的，之后方改作"大报恩寺"。朱棣是马皇后所生的第四个儿子，他早先就有以最高规格重点建设几座寺庙的计划，以为其日后的行动提供更多的合法性。重建的寺院以"报恩"为主题，无疑更符合他的这一想法。他在永乐十一年（1413年）《重修报恩寺敕》中云："一新创建，充广殿宇，重作浮屠。比之于旧，工力万倍。以此胜因，上荐父皇、母后在天之灵，下为天下生民祈福，使雨旸时若，百谷丰登，家给人足，妖孽不兴，灾沴不作，乃名曰大报恩寺。"

然而，朱棣建大报恩寺的目的，到了明中后期便开始受到广泛质疑。

《康熙南巡图》中的大报恩寺

这主要缘于朱棣的出身问题，认为他并非马皇后的嫡子，而为碽妃所生。建寺是为了纪念生母碽妃。直至20世纪30年代，史学界还展开过"朱棣生母是谁"的争论，结果并未辩出是非。

关于此，还有一个有趣的传说。

话说皇帝朱元璋做了个梦，梦见都天庙的菩萨向他来讨要金銮殿。原来他起兵落难时，与几个弟兄摸黑来到破落的都天庙。他烧了庙给大家照明，并向庙里的菩萨承诺日后赔个金銮殿。正梦着，太监前来禀报，碽妃生了个儿子，就是朱棣。朱元璋由此有了块心病：这小子莫非是都天菩萨投胎，来要我的金銮殿？朱棣10岁随父登后宰门城墙视察。军师刘基进言：有了这城墙可御百军，除非燕子才能飞进城。而当时朱棣脱口而出：这城虽好，还应将紫金山包进来，否则人家占据高地，破城也就不难。朱元璋听后大为吃惊，随即赏他一只蜜桔，并给他剥皮撕筋。朱棣回到宫中，将事由讲给生母碽妃听。碽妃惊呼：这是要剥你的皮，抽你的筋，快逃吧。朱棣连夜逃往北京。朱元璋得知朱棣外逃，顺水推舟封他为燕王，并下令加建一道外城，将紫金山包了进来。而碽妃因此而受牵连，被终身软禁。朱元璋去世后并未将皇位传给朱棣，而是给了长孙朱允炆，即建文帝。日后，朱棣以"清君侧"为名挥师南下，夺取了帝位。他登基后倍加思念生母碽妃，于是建大报恩寺纪念之。他还在寺西修了条西街，好让母亲的灵魂上西天。

之所以会出现这样的学术观点及民间传说，有可能是受传统观念的影响。毕竟，朱棣是通过非正常手段赢得皇位的。且不说朱棣生母的事是真是假，作为大报恩寺及其琉璃塔的总策划师和建设者，他的作品已远远超出一般的宗教建筑，成为当时全国最重要的地标之一。这样的作品，虽然未能存世于今，但已经深深地充盈在人们的想象中。

大报恩寺山门

大报恩寺及其琉璃塔，在清咸丰四年（1684 年）太平天国兵燹中被彻底摧毁。那么庞大的一个建筑群，经劫难后竟然所存无几。寺庙原有永乐御碑、宣德御碑之两碑，后者侥幸残存。还有，其南隅的三藏殿尚有部分建筑未毁。清宣统元年（1910 年）还曾在那里开办过"江苏僧师范学堂"。现经市佛教协会批准，将建初寺移建恢复于此，以纪念并弘扬江南第一寺之无量功德。此外，新近有历史学者研究指出，大报恩寺遗址东侧西街的瓮堂，亦应视作寺庙的配套设施，初为僧人的沐浴之所，后也对少数香客开放。按佛教传统礼仪，香客参佛前需"沐浴更衣"。此瓮堂现在是江苏省文物保护单位。

还需提及的是，大报恩寺遗址的一部分，清同治年间成为生产枪炮子弹的金陵机器局，似乎与佛缘背道而驰。新中国成立后，晨光机器厂取代金陵机器局，从事航天高科技研发生产，而到了 20 世纪 80 年代，又开始营造香港天坛大佛、无锡灵山大佛、三亚南山观音等佛像，可谓重结佛缘。

2008 年 7 月，考古学者在大报恩寺遗址发现长干寺地宫，继而获取佛祖顶骨舍利，举世为之震惊。为对遗址加以保护，现已建成大报恩寺遗址公园，并于 2015 年 12 月对外开放。

就冢起寺的高座寺及永宁寺

老南京有句俗语：出了南门尽是"事"。南京方言"事"与"寺"谐音。南门指的是今中华门。中华门外长干里一带，原本是江南首寺建初寺的诞生地，"事"（寺）多也就不足为奇了。当年建寺的形式多种多样。其中的高座寺是以冢起寺，很不一般。

高座寺，位于"南门"外雨花台上，初为甘露寺，建于西晋永嘉年间。今其遗址有"甘露井"，即是当年的遗物。此寺之所以后来被称作高座寺，是因为与东晋的一位名尸梨密的高僧有关。

尸梨密，全名帛尸梨密多罗，西域龟兹国人，原为该国王子，后让位其弟，出家为僧。东晋初年，他辗转来到建康，驻锡建初寺，译出《大孔雀王神咒经》等经典。当时江南地区尚无密教咒法流入。因此，尸梨密是将其传入中国的第一人，因而被后人誉为"中国密教之始祖"。据有关史料记载，尸梨密"天姿高朗，风神超迈"，与东晋王导、庾亮、谢鲲等大臣名士交往密切，时人呼为"高座"。东晋永昌元年（322 年），"高座"的友人周顗为叛将王敦所杀。他不避猜嫌，前去探望其遗孤，并高声诵经念咒，超度亡灵。佛史称其"高声梵呗，传响于今"。从此，陀罗尼密教咒法广为流传。

尸梨密何以被称作"高座"？旧志称，其僧号为"高座道人"。又称明《金陵梵刹志》记载，尸梨密居高座说法，因名"高座"。尸梨密为西域人氏，坐胡床（即交椅）是他的生活习惯。东晋名士们席地而坐，自然视坐在椅子上的尸梨密为"高座"了。东晋咸康年间，尸梨密圆寂。因其生前常在东岗（今梅岗）行"头陀"（坐坟地）修行，弟子们便葬师于此。晋成帝于其冢起寺，时称尸梨密寺。或许因尸梨密寺叫起来拗口，后以高座寺称之。

高座寺因尸梨密的名望成为一座名刹。梁初，宝志禅师在此住持。其间，又有"雨花说法"的佛教传说，更使其名扬天下。据《心地观经》记叙：梁武帝时，高座寺的云光法师在南郊石子岗设坛讲经，一连数日，

高座寺甘露井旧影

讲到动情处感动佛祖，于是五颜六色的花瓣如雨般纷纷落下。坠落的花瓣飘到地上，变为一粒粒晶莹圆润的小石子。因这些石子有五彩斑斓的花纹，而被称作雨花石。高座寺所在的东岗地区，原称石子岗，自有了"雨花说法"的传说，始称雨花台。今筑雨花阁，以纪念之。据称，寺内曾有云光法师手植松、宝志法师印、中孚塔、铜钟碑、张僧繇画等珍物，可惜今已无存。

高座寺至宋代，因官府为祈望天下太平改名永宁寺。寺中的山泉也因寺名更换而名永宁泉。此泉被誉为金陵名泉之冠，宋代陆游品之称为"二泉"，明代赵谦题写了"第二泉"匾额。到了明代，永宁寺以山路为界，分成了高座寺、永宁寺两座寺庙。永宁寺驻东，高座寺驻西，自成体系，均隶属于大报恩寺统辖。高座寺格局较宽敞，建筑有山门、天王殿、钟鼓楼、法堂、罗汉廊、药师殿、僧院、禅堂、华严楼、厨房、茶寮，基址面积50亩。其还辖有小刹安隐寺、宝光寺、均庆院、月印庵等。永宁寺依山而建，虽相对狭窄，但错落有致。建筑有山门、天王殿、钟楼、正佛殿、伽蓝殿、祖师殿、毗卢阁、僧院、方正学祠等，基址面积15亩，所领小刹有永宁院、宝林庵、瑞相院等。清咸丰年间，永宁寺在清兵与太平军交战中，荡为废丘。后有僧人在永宁泉边建屋，作为茶舍，沿用至今。高座寺也在战

高座寺山门旧影

火中被毁，虽于同治年间重建，却已难复旧观。民国年间，其山门及“古高座寺”匾额还在，而门前冷落。寺内建筑更是荒凉破败。南京解放后，高座寺残存建筑曾先后设雨花台陵园烈士遗物陈列室、雨花石陈列馆等。2011年，高座寺重新恢复开放。

唐代温庭筠有《游高座寺》诗一首，可带我们重温古高座寺之意境：

长廊夜静声凝雨，古殿秋深影胜云。

一下南台到人世，晓泉清籁更难寻。

"禅师窟"之道场寺及龙光寺

自康僧会创立建初寺，长干寺继起后，南京佛寺有了比较快的发展。为弘扬佛法，译经便成了佛寺的头等要事。于是，不少佛寺成为译经的"译场"。在众多"译场"中，以道场寺最为有名。

道场寺，东晋名刹，原名斗场寺，位于外秦淮河南岸的斗场里（今晨光1865东门附近），原以地名为寺名，后因"斗"字与佛教义理不符，遂改称道场寺。它存世的时间比较短，南朝萧齐时曾改名安明寺，接着便毁于齐、梁之间的战火，之后便不曾恢复。尽管它早已不复存在，但因其在译经方面贡献巨大，成为当时南方翻译佛教经典的重要场所，在中国佛教史上有着不可或缺的地位。

道场寺之所以成为著名的"译场"，是因为拥有佛驮跋陀罗、法显、僧伽跋摩等众多高僧团队。《宋书》卷九十七有"时斗场寺多禅僧，京师为之语曰：斗场寺，禅师窟"的记载。

道场寺的核心人物佛驮跋陀罗（359～429年），意译名为觉贤，北天竺迦毗罗卫国（今尼泊尔境内）释迦族人，17岁出家，以精于禅律闻名。他曾游学于交趾（今越南），又应智严之邀辗转来到中国，先后在长安、庐山等地传教，因被刘裕所敬重，于义熙九年（413年）随其至建康（今南京），在道场寺传习禅法。

史料载，觉贤仪范朴素，志韵清远。时有建康法师僧弼赞叹之："斗场禅师，甚有大心，便是天竺王，何风流人物也。"他居道场寺十余载，译经13部125卷。尤以义熙十四年（418年）受吴郡内史孟顗、右卫将军诸叔度委托、译出的《大方广佛华严经》50卷（后改分60卷，称《六十华严》）最为经典。

为译此经，他领法业、慧义、慧严等百余僧人耗时三年，方结硕果。其译文用语浅显，妙得经义，传世于今，为不可多得的文化瑰宝。他最终在道场寺圆寂。而道场寺也正是有了他的核心作用，方形成强大的译经团队，使之成为全国性的译经中心。

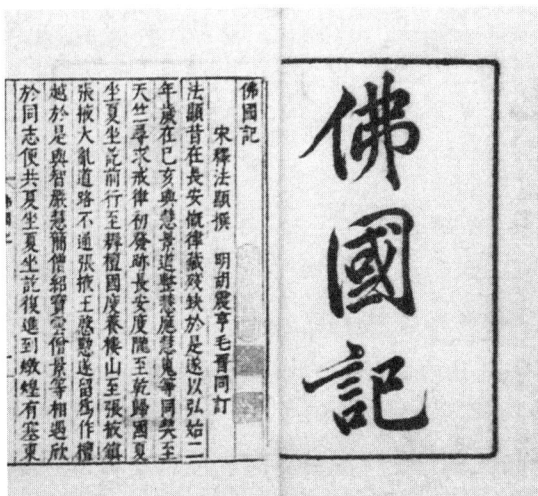

法显《佛国记》书影

法显画像

　　道场寺的另一个重要人物为法显。法显（约 337～422 年），平阳武阳（今山西襄垣）人，3 岁便出家，20 岁受比丘戒，因所阅律藏译经不全，而立志要到西方取经。他于隆安三年（399 年）与慧景、道整等同伴从长安出发，历经 30 余国，终达天竺（今印度），获取了众多律藏经典。返国后，他敬慕觉贤高僧的佛学，遂移居道场寺。他将西方取经的成果和盘托出，与觉贤团队合作译出《大般泥洹经》6 卷、《摩诃僧祇律》40 卷、《僧祇比丘戒本》1 卷、《僧祇比丘尼戒本》1 卷、《杂藏经》1 卷，旧传还有《杂阿毗昙心论》13 卷等。义熙十年（414 年），他将自己历时 14 载的异域旅行见闻写成《历游天竺记传》（又名《佛国记》、《法显传》）一书。书中详细记录了中亚、印度诸国的历史地理、风土人情，是研究南亚次大陆历史文化的重要史料。为此，2015 年 3 月，道场寺遗址作为 12 个现存的海上丝绸之路遗迹点之一，被列入南京申报世界文化遗产的名录。

　　说罢道场寺，有必要提一下与之相关联的一寺一僧。寺为龙光寺，僧为竺道生。

　　龙光寺，位于覆舟山（今小九华山），原名青园寺，东晋惠恭皇后褚氏所立，是一座皇家佛寺，也是一个"译场"。唐会昌五年（845 年），寺废。咸通二年（861 年）重建，赐名龙光寺。寺院在清咸丰年间被毁。

青园寺为何会改名龙光寺呢？这与竺道生在青园寺研习道场寺的译经《大般泥洹经》有关。

竺道生（355 或 364 ~ 434 年），本姓魏，巨鹿（今河北平乡西南）人，幼年从竺法汰出家，改姓竺。于义熙五年（409 年），他来到建康居青园寺，习经弘法，甚为精妙。世传"生公说法，顽石点头"。他与慧严、佛陀什在寺中译出《弥沙塞部五分律》等。而他研习道场寺的译经《大般泥洹经》颇有新解，提出不同于译经中排除"一阐提"（断灭善根的恶人）佛性的观点。他认为，"一切众生皆有佛性"，即便是"一阐提"，只要改恶从善，亦可"顿悟成佛"。

竺道生说法"顽石点头"故事

此论一出，被斥之为异端，迫使其于刘宋元嘉五年（428 年）离开了青园寺。据说，他出走的当年夏日，雷震佛殿，呈一龙升天之像。寺院因此改名为龙光寺。后由昙无谶译出的《大般涅槃经》内传，其中有"一阐提"可成佛之说。佛界始悟竺道生有先知卓见，尊之为"涅槃圣"。

以一幅壁画相系的瓦官寺与金粟庵

仿《维摩诘示疾》壁画

南京城南的门西地区，有两座隔街相望的寺庙，一为瓦官寺，一为金粟庵。追溯其渊源，这两座寺庙都与一幅著名的壁画《维摩诘示疾》相关联。

维摩诘，古印度大乘佛教的居士，智度无极，佛理精深，虽不是出家和尚，但高于一般菩萨，著有《维摩诘经》。据《维摩诘经》之"问疾品"记：一次，维摩诘托病在家。释迦得知后，派有"智慧第一"之称的文殊率众弟子前往看望。维摩诘居士在屋室里与文殊菩萨展开论经，妙语横生，义理深奥，使弟子们五体投地。《维摩诘示疾》画的就是这么个场景。

东晋、南朝时期，建康佛教的最大特色是集建寺、译经、造像、壁画于一体。《维摩诘经》早期就传入我国，在三国两晋时期颇为盛行。由于维摩诘的特殊身份，好清谈的生活方式及辩才无碍的才情，成了中国名士的崇好。有关维摩诘故事的绘画，一时也成为热门题材。大画家顾恺之乃东晋名士，有"画绝、才绝、痴绝"之称，他欣然为瓦官寺绘制了一幅壁画《维摩诘示疾》。

据《建康实录》记载，瓦官寺落成后，邀请社会名流行善施舍。虽捐者络绎，然皆不过十万。顾恺之闻之，赴寺一口气认捐百万。寺僧劝其量力而行。他则表示绝无戏言，并要求给他留下寺内一堵粉墙。接下来他"遂闭户往来一百余日"，终在粉墙上绘出《维摩诘示疾》。令人不解的是，画虽完成，但画中人物的眼眸尚留白。顾恺之请寺庙张榜：凡首日观画像者请捐十万，次日捐五万，第三日则随意布施。但见首日，他当众为画像中的人物点睛，顿时整幅画神采飞扬，满寺生辉。为此，捐资者众，很快就突破百万。

瓦官寺除了拥有顾恺之所绘的《维摩诘示疾》壁画，还有画坛奇才戴逵手制的5尊佛像、狮子国（今斯里兰卡）进贡的高4.2尺的玉佛像，合称寺内"三绝"。可惜的是，这"三绝"宝物如今却踪迹难寻，令人扼腕。

这座古寺庙，位于花露岗上，原为一处官营陶器作坊。晋哀帝兴宁二年（364年）下诏：移陶官于淮水北，遂以南岸窑处之地，施僧慧力造瓦官寺。据南朝梁释慧皎《高僧传》云：释慧力，未知何人。晋永和中，来游京师，常乞食蔬，苦头陀修福，至晋兴宁中启乞陶处以为瓦官寺。咸安年间，高僧竺法汰率弟子驻锡瓦官寺，并建塔。简文皇帝相敬之，请其讲《放光般若经》。开题大会，帝亲临幸，王侯公卿莫不毕集。至南朝梁时，瓦官寺增造了一批殿堂，又因在寺塔发现佛舍利，兴建了一座高240尺的瓦官阁，一时冠绝江东，已然形胜。

陈光大元年（567年），天台高僧智𫖮住持瓦官寺。智𫖮（538～597年），天台宗创始人，俗姓陈，字德安，祖籍颍川（今河南许昌）。他18岁依湘州果愿寺法绪出家，20岁从慧旷受具足戒，精研律学。他居瓦官寺8年，开讲《法华经》《大智度论》及《次第禅门》，为天台宗的创立做了重要的理论准备。一时，僧俗负笈来学者不可胜数。他后来曾入天台山设庵讲经9年，被称作"天台大师"，又因被晋王杨广请到扬州为其受戒，赐号"智者"，有"智者大师"之称。他最后回归天台山，融合南北佛教特点，提出"三谛圆融""一念三千"等观点，尤重"止观"学说，创立了天台宗。故后世有人称瓦官寺为天台宗祖庭。

东晋、南朝鼎盛一时的瓦官寺，随着王朝的更迭逐渐走向衰败。寺在五代吴杨时更名为吴兴寺，其阁也改为吴兴阁；南唐昇元二年（938年）又改称昇元寺、昇元阁，后毁于宋师南下战火。太平兴国五年（980年），复建为崇胜戒坛院，筑卢舍那佛阁。此时，瓦官寺已如西坠之日，余晖暗淡。明初，寺院已荡然无存。寺址一半改为骁骑卫仓，一半归魏国公徐达族园。嘉靖年间，徐达族园旁的积庆庵改称瓦官寺。此瓦官寺已非在原寺的旧址上。万历十九年（1591年），僧圆梓募资赎台地，建寺院，亦称瓦官

瓦官寺旧影

寺。一时间方圆咫尺之内,竟有两座瓦官寺,遂使善男信女无所适从。由于两寺皆在古瓦官寺的遗址范围内,官府遂仿上定林寺、下定林寺例,称高处的为上瓦官寺,低处的为下瓦官寺。又因上瓦官寺毗邻古凤凰台,焦竑状元曾提议将其改作"凤游寺",且为之作《重建凤游寺碑记》,细述来龙去脉。后两寺均在太平天国的战火中被毁,仅剩破屋数间。同治、光绪年间,下瓦官寺有所修葺。其间,又在上瓦官寺废址建妙悟庵。20世纪 30 年代,南京学者朱偰先生在《金陵古迹图考》中记叙了考察瓦官寺旧址的情景:"今日而访古瓦官寺,仅余破屋数椽,庭中列石炉及烛撒二,炉基石刻,作双狮戏球之状,颇类古物保存所所存之。"1958 年下瓦官寺破损建筑被拆除,之后上瓦官寺、妙悟庵分别改作市四十三中校舍、市绝缘材料厂厂房。2003 年 7 月,市绝缘材料厂迁出,就地重建瓦官寺。

重建的瓦官寺,现址在花露北岗 12 号。寺院前后三进,面积为 1370平方米。其中,第二进设"五方佛殿",供奉着仿东晋戴逵所塑的五方佛像。这五方佛为:中央的卢舍那佛(即释迦牟尼佛)、东方妙喜净土阿閦佛、西方极乐净土阿弥陀佛、北方胜业净土不空成就佛、南方欢喜净土宝生佛。第三进设"玉佛殿",供奉着一尊云南省佛教界相赠的释迦牟尼玉佛像,此像由缅甸白玉精雕细琢而成,重达 2000 多公斤。这两殿的供奉,可谓应了古瓦官寺的两"绝"。还有一"绝"——《维摩诘示疾》,何时能呈现,

金粟庵

值得期待。

回过头来，再说说金粟庵。这座寺庙，与顾恺之《维摩诘示疾》又有何联系呢？据《首都志》载，金粟庵因近瓦官寺而得名，为瓦官寺故地遗存。相传，金粟庵原是瓦官寺附近的一处小茅庵，大画家顾恺之在瓦官寺绘制《维摩诘示疾》壁画时，曾在这间小茅庵里打过画稿。因佛典称维摩诘居士是金粟如来转世，为此在茅庵旧址上盖起的寺院，被称作金粟庵。要说明的是，所谓庵，并非就是尼姑庵。庵，最早指类似茅棚的小草屋，即所谓"结草为庵"。文人墨客书斋亦有称庵的。以后因建了一批专供佛徒尼姑居住的庵堂，庵似乎就成了尼姑出家行佛事的代称了。其实，金粟庵原本就是寺，只因顾恺之在此茅屋绘金粟如来画稿而称之为庵，据说是在晚清时修建。

当年顾恺之在茅庵所绘画稿，据说已流传出去。唐代黄元之曾欣赏到画稿，评价所绘维摩诘的形象是"目若将视，眉如忽颦，口无言而似言，鬓不动而疑动"。唐代诗人杜甫也曾得到朋友赠送的画稿临摹本，甚是喜欢，有他的诗为证："看画曾饥渴，追踪很渺茫。虎头金粟影，神妙独难忘。"诗中的"虎头"，指的就是顾恺之。顾恺之，字长康，小字虎头，时人昵称"顾虎头"。

金粟庵曾多次被毁，又多次修缮。1993年，金粟庵得以就地重修，地址在五福街 18 号，占地仅 400 余平方米，为一院一进，并建有楼阁，虽显急促，然布局紧凑，有条有理。门额由赵朴初题写。庵东门的门楣及两侧，分别镌刻"虎头余绪"四字和"文殊问疾处，恺之画图时"漆金对联。斯庵虽小，却梵音声声，香烟袅袅，自有一番佛国净土之境界。

日本天台宗青年联盟代表团和天台宗报恩访中团，分别于 1994 年、1995 年在金粟庵举行"天台大师圆寂 1400 周年纪念法会"等交流活动。日本天台宗访问团视瓦官寺为其祖庭，原本是要访问瓦官寺，而瓦官寺当时尚未恢复。金粟庵因与其有特殊的关系，承担了接待任务，为中日佛教文化的交流架起一座桥梁。

昔有明人余宾硕《瓦官寺》诗一首，录之：

> 杏花村接小长干，古寺苍茫字瓦官。
> 千里江随陵谷变，六朝人向画图看。
> 青莲曾改昇元阁，玉佛空闻说戒坛。
> 一塔松林何处所，夕阳西下鸟声残。

最早的尼众寺院铁索罗寺

铁索罗寺，亦称铁萨罗寺，为东晋时的寺院，因刘宋元嘉十一年（434年）有狮子国（今斯里兰卡）僧尼铁索罗居此而得名。据明《金陵梵刹志》载：铁索罗寺"在都门外南地，西北去所领永宁寺三里，去聚宝门二里"。由此可以推测，其位置大致在今中华门外的雨花台附近。

铁索罗寺，是南京历史上有案可稽的最早的尼众寺院。现在说到南京的尼众寺院，自然首推鸡鸣寺了。实际上，鸡鸣寺是到了1958年才改为尼众道场的，于1985年观音菩萨圣诞日方首次为出家女众举行剃度仪式的。

中国第一比丘尼净检画像

所谓尼，梵文的音译为比丘尼，又作苾雏尼、备刍尼、比呼尼，意译除馑女、乞士女、沙门尼、除女、薰女等，即满二十岁出家受具足戒的女子，略称尼僧，俗称尼姑。梵文音译的比丘，则为和尚。尼姑需守的戒律甚多。据《四分律》所载，比丘须守二百五十戒，比丘尼则须守三百四十八戒。

据梁宝唱《比丘尼传》所述，西晋建兴年间净检从西城沙门智山剃发、受十戒；又于升平元年（357年）请昙摩羯多立比丘尼戒坛，净检等3人共于坛上受具足戒。此为中国尼众受戒之始。净检随即与同其志者24人在洛阳宫城西门立竹林寺，号称为中国第一座尼众寺庙。只是，佛教传入中国后，戒律一直不完备，致使尼众尚不曾受过全戒。东晋末法显西行，主要目的就是求取戒律。

刘宋元嘉七年（430年），狮子国（今斯里兰卡）比丘尼一行8人由海上辗转来到建康（南京），欲给中国的尼众授完整的具足戒，即二部受戒。所谓二部受戒，是女众先从比丘尼，再从比丘受具足戒，且授戒的师尼

《比丘尼传》书影

不得少于 10 人。由于当时狮子国师尼的人数不足 10 人，不符合要求，加之语言不通，也无法授戒。元嘉八年（431 年），西域高僧求那跋摩应宋文帝之邀至建康，居祇洹寺传法。景福寺尼僧慧果、净因找到求那跋摩，苦求二部受戒。为此，求那跋摩向远在狮子国的比丘尼铁索罗发出了邀请。元嘉十一年（434 年），铁索罗一行 3 人来到了建康。她们与上一批 8 位尼众合在一起，授戒的人数符合了要求，且先来的也已学会了汉语。因求那跋摩已经圆寂，铁索罗特邀天竺高僧僧伽跋摩为传戒师，在南林寺设传戒坛，共同为慧果、净因等 300 多位中国比丘尼授具足戒。

南林寺，据记载："在中兴里，司马梁王妃舍宅为宋晋陵公主造也。有僧法业居之。后求那跋摩终于寺之戒坛前，仍就其处起立白塔。可见其与祇洹寺相近矣。陈亡寺废。"由此可知，求那跋摩生前就曾在南林寺设坛传戒，甚而在戒坛前圆寂。铁索罗选在南林寺传戒，也是出于对求那跋摩的怀念之情吧。

如果说中国尼众受戒之始是在洛阳，那么正式按律受戒则是在南京。这是中国佛教史上的一件盛事。据宋《六朝事迹编类》记载，中国尼众为表达感激之情，化缘募捐，重修铁索罗曾经居住的尼寺，供养狮子国比丘尼，并以铁索罗的名字命寺名，以示永久纪念。

铁索罗寺在刘宋时期，八方尼僧云集，盛极一时。齐时，寺院改名为翠灵寺，旋又更名为妙果寺。而后，该寺屡遭劫难，数度重修，一直延续到北宋开宝八年（975 年）方毁，前后达 800 余年。太平兴国二年（977年），北宋官方应僧人请求，拨专款重修，更名为瑞相院。瑞相院建有门楼、佛殿、禅堂、斋堂、僧院等，也曾名重一时。至明代，瑞相院渐衰落，成为永宁寺所辖的一个小刹，到了嘉靖年间遭毁弃。

铁索罗寺虽早已消失得无影无踪，但铁索罗的名字已载入中国佛教的史册。南京，作为中国首批按律受戒尼僧的发祥地，亦增添了一个千百年前对外友好交往的见证。

"祈泽池深"之祈泽寺

"祈泽池深"乃清绘《金陵四十八景》之一。它在四十八景中，继"莫愁烟雨"（莫愁湖）之后，排行第二。其图配文曰："在府治东南三十五里，山高五十丈，周四十里。"

"祈泽池深"图景，绘的是南朝古刹祈泽寺。这座寺院始建于刘宋少帝景平元年（423年）。梁时寺前置龙堂方池，甃以石级。"泉自龙口出，云日下射，阴苔细藻，迥文伏泡，致极幽逸。"寺侧则有祈泽夫人庙。从寺及庙的名称来看，均离不开"祈雨"之主题。《六朝事迹编类》卷12《梁祈泽夫人庙》载其事："祈泽夫人庙为梁置，在祈泽寺

《金陵图咏》之祈泽龙池图

之侧。"又引旧经云："有初法师者，尝讲《法华经》于山中。有女郎来听，初问之，答曰：'儿东海龙王女也。'师告以山中乏水。后数日，忽闻风雨暴作，向晓有泉出于座下。后遂为水旱祈祷之所，因号祈泽夫人。"至宋绍兴元年（1131年），建康府上奏朝廷此寺祈雨灵验事，并称寺已有"祈泽夫人"之号，故赐庙额为"嘉惠"。

祈泽寺在唐会昌年间被废，到了南唐时期，因祈雨有验复修，又在宋治平年间改称祈泽治平寺。北宋政和年间，上元知县沈该在祈泽寺祷雨灵应，曾刻诗于寺。元至正二年（1342年）寺院又有过一次重修。至明代，祈泽寺的情况，在《金陵梵刹志》中记载其详：祈泽寺是一座小刹，在郭城高桥门外，南距所领东山翼善寺十里，西距正阳门（今光华门）三十里。寺依祈泽山而建，山东连彭城山，北接青龙山，泉流澄澈如镜，环境十分幽美。寺院占地二十一亩，东至本寺山顶，南至官路，西至官

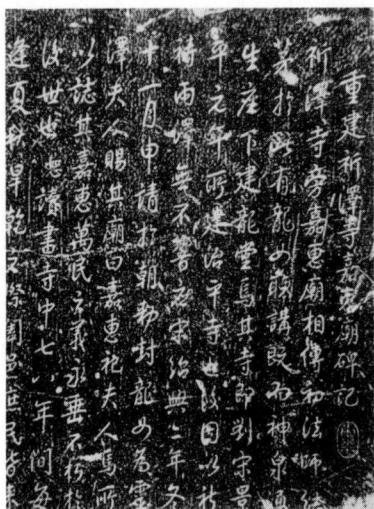

北宋《重建祈泽寺碑记》拓片

水沟，北至青龙山。寺有公产田、地、山计三十六亩有余。寺内主要建筑有金刚殿三楹、天王殿三楹、正佛殿五楹、左观音殿三楹、钟楼一座、右地藏殿三楹、龙王殿二层共六楹、僧院三房。寺左山上，有堕云峰，"乱石蛤岈，若飞云而堕"。寺墙外，有仙人岩（或称仙人岭），起伏如仙人座。寺后山上有翻经平（坪），"广可盈亩，平若掌。上有流水痕，环曲如凿。登则四山人望，山最佳处"。寺左则有祈泽泉，亦称龙王泉、龙女泉。此外，还有桧径、桐林、栗盖、待月亭等诸胜。

寺内保留一些南朝古迹。例如，在殿墀内有银杏，相传为六朝初法师手植。树周三四围，繁阴覆地，后遭雷火之劈。《客座赘语》卷1称雷劈后的银杏为"鸭脚子"。又如，有南宋绍兴年间祈雨碑，碑文尚全。再如，有南唐断碑，旧埋殿角。明代文人盛时泰掘出后，发现碑文中有"晋水齐云，山释无名"、"秦正之月，元年与德谦"及"保大惟新"诸字，因已残缺不可读。他还在佛龛中发现一残纸，上书一律诗，诗末云"友人褚崖呈雪庭法师座前，洪武辛亥暮春书"。值得一提的是，盛时泰曾撰有《祈泽寺志》，惜今已不传。此外，还有宋仁寿县君墓志，据明人周晖《金陵琐事》卷3记载，正德年间祈泽寺修建佛堂，在一墙角发现嵌有刘次庄真书的仁寿县君墓志。寺僧欲碎墓志以铺路，"东桥顾公见而止之，遂传于世"。《金陵待征录》卷4《宋仁寿县君墓》则有记："祈泽寺有墓志嵌壁上，旁列云叟诗碣，赵孟頫书，即其长子峋也，仲藏为次子，蒙季西为少子。研其墓，与寺近。元修时夷为平地矣。"这其中，赵孟頫的书法无疑是最为珍贵的。

太平天国时期，祈泽寺毁于兵燹。光绪十七年（1891年）夏，江宁大旱，城中屡发火灾，遂闭南门祈雨。为此，有祈雨之验的祈泽寺得缘重建。是岁修寺所立石碑于1983年全市文物普查时被发现，现藏于南京市博物馆。

民国初，江苏省长韩国钧曾训令江宁县保护刻有元代书法家赵孟頫书法作品的4块碑刻。因祈泽寺毁，诗碑下落不明。到20世纪30年代，历史学家朱偰考察祈泽寺时，寺院"仅余十数楹，并无六朝遗物"。1946年，祈泽

祈泽寺

寺部分房屋被改建为粮食仓库；南京解放后，一度沿用为上坊地方粮库。1983年，祈泽池被列为江宁县重点文物保护单位。寺院现仅残存数间光绪年间所建旧房，以及已涸竭的"祈泽龙池"，为南京为数不多的、有迹可寻的南朝古刹之一。

民国文人张通之游祈泽寺，留有《祈泽池深》诗一首，描绘了一个美好的民间传说：

> 龙女听经喜有知，清泉涌出报禅师。
> 后人祈泽犹多应，菩萨心肠一味慈。

由钟山定林寺到方山定林寺

　　钟山上定林寺高僧释僧佑著《出三藏记集》，书中有"我见佛身相，犹如紫金山"之说。在"南朝四百八十寺"中，钟山（即紫金山）有寺七十余所，堪称佛国净土。下定林寺、上定林寺就是其中的两座名刹。这两寺尽管南朝以后渐废，但影响深远，以至于600多年后，江宁方山请"上定林寺"额建了一座新的定林寺，可谓佛脉相承。

　　钟山下定林寺，位处玩珠峰独龙阜之北，始建于刘宋元嘉元年（424年），后在齐梁时被废弃。高僧求那跋摩、昙无谶、僧镜、傅弘、昙摩密多等均曾在此修行弘法。宋《景定建康志》记载："下定林寺在蒋山宝公塔西北，宋元嘉元年置，后废。今为定林庵，王安石旧读书处。"所谓王安石旧读书处，说的是北宋神宗熙宁九年（1076年），王安石第二次被罢相归隐金陵半山园后，深爱钟山景色，经常骑驴游弋，疲倦时便到定林庵休息。后来，他在庵内建了一个供自己休息和读书写作的书斋，取名"昭文斋"。王安石有诗咏定林庵，诗中描述其溪水绕屋、苦竹丛生的景象，与南朝高僧昙摩密多所见下定林寺的自然景观基本一致。至南宋，爱国诗人陆游也曾慕名来游钟山定林庵，在"昭文斋"壁上题写了："乾道乙酉（1165年）七月四日，笠泽（太湖别名）陆务观冒大雨独游定林"。五年后他重游钟山，定林庵已遭火毁之，而他在昭文斋壁上的题名，则被寺僧摹刻在了寺后的崖壁上。题记为楷书，题高0.67米、宽0.87米。这个珍贵的题名石刻，已于

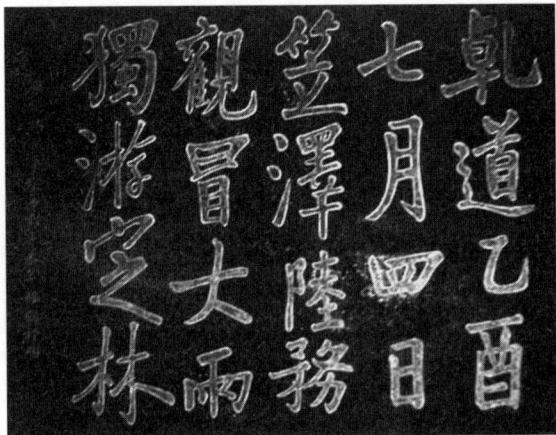

钟山定林寺摩崖石刻陆游题字

1975 年被文物人员发现，成为考证下定林寺遗址的重要物证。此外，另有南宋摩崖题刻 4 方，如韩无咎等人题："乾道丁亥八月十日，叔涣、伯玉、中父、子云、无咎、伯山、方叔来游钟山，携八功德水，过定林烹茶乃还。"此为行书，题高 0.67 米、宽 1 米。这 5 方题刻，均被列入省级文物保护单位。

钟山上定林寺，位处下定林寺之上、应潮井之后，建于刘宋元嘉十六年（439 年），比下定林寺晚建了 15 年。据《高僧传·昙摩密多传》记述，昙摩密多于"元嘉十年（433 年）还都（指建康），止钟山定林下寺。密多天性宁静，雅爱山水，以为钟山镇岳，美嵩华，常叹下寺基构，临涧低侧。于是乘高相地，揆卜山势，以元嘉十二年（435 年）斩木刊石，营建上寺"。昙摩密多，又名竺法秀，为罽宾国（今克什米尔）僧人，深究禅法，译有《禅法要》《曾贤次经》《虚空藏观经》等经籍，被刘宋皇室称为"大禅师"。上定林寺虽晚建于定林寺，但由于昙摩密多声望极高，远近敬仰，信徒万里来集。高僧达摩来到建康，坐禅的第一个道场就设在了上定林寺。其寺遂成钟山名刹，也成为南朝佛教的活动中心。

刘宋元徽三年（475 年），僧人法献在于阗（今新疆和田）获佛牙 1 颗、舍利 15 粒以及佛典《观世音灭罪咒》《调达吕》，又在龟兹国（今新疆库车）得金锤鍱像（用薄铜片锤打而成的佛像），将之一并带回建康。此后，法献密藏佛牙供奉 15 年，直至临终前方将佛牙献出，置上定林寺佛牙阁中，供四方佛教徒朝拜。梁普通三年（522 年）正月，佛牙在上定林寺被人掠走，一时下落不明，后落于摄山（今栖霞山）庆云寺沙门慧兴手中。慧兴死前，将佛牙交其弟子慧志保存。慧志又将其献给了陈霸先。陈永定元年（557 年），陈霸先宣布佛牙重现于世，举行隆重的无遮大会（佛教布施僧俗的大斋会），亲自朝拜佛牙。隋灭陈后，佛牙由建康经扬州转至长安，置于禅定寺。此后的一千多年，佛牙历经辗转，今存于北京西山八大处灵光寺佛牙舍利塔内。

约陈永元三年（501 年），文人刘勰在建康上定林寺着手撰写《文心雕龙》。刘勰（约 465 ~ 约 532），原籍山东莒县，侨居京口（今镇江），早年因家贫，投上定林寺名僧僧祐，协助整理、勘校佛教典籍。他崇尚儒学，具有卓越的文学见解，深受昭明太子萧统及文士沈约器重，曾三次在上

方山定林寺

定林寺留居，前后长达 20 年之久。他在编辑佛经之余，博览群书，潜心探索文艺理论，写就了我国古代第一部文学理论巨著《文心雕龙》。晚年的刘勰亦在此出家。刘勰因《文心雕龙》而名垂青史。上定林寺也因刘勰在此呕心沥血撰写《文心雕龙》，留下了光辉的一页。

由于钟山两座定林寺早早消失，其具体位置一直被后人关注。明初文学家宋濂曾花费两天时间，在钟山寻访古迹。他在《游钟山记》中记叙道：第一日，游"翠微亭，登玩珠峰。峰，独龙阜也，梁开善道场，宝志大士葬其下，永定公主造浮图五成覆之"。"又东折，渡小涧，涧前下定林院基，舒王（指王安石）尝读书于此"。第二日，"折而东，路益险……有二台，阔数十丈，上可坐百人，即宋北郊坛祀四十四神处……又力行登慢坡。草丛布如毡，不生杂树，可憩。……望山椒无五十弓，不啻千里远。竭力跃数十步，辄止，气定又复跃，如是者六七，经至焉"。这无疑为寻觅定林寺遗址提供了重要资料。如今，经文物部门进一步考察，确定了定林寺的遗址，并在附近建定林山庄，辟上定林寺刘勰与《文心雕龙》纪念馆。

南宋乾道年间，秦地（今陕西一带）高僧善鉴来到江宁的方山，选西北麓结庐修行。他率众疏泉植松，徙石辟途，兴土本之功，相继建成佛殿、法堂、僧房等。乾道末年（1173 年），善鉴诣建康府获准，请钟山"上定林寺"额于此，俗称方山定林寺，继而修建寺塔。有关寺塔的情况，将在专门章节中介绍。善鉴示寂后，先后由其弟子义琼、义城住持寺务。元代，寺中有退庵无公及其徒嵩公、演公同朝于京师（今北京）弘法，号称"定林三名士"。寺院于元至正年间（1321～1323 年）和明弘治五年（1492 年）有过两次大规模的修建，而在清咸丰年间又毁于战火。清光绪年间，由世称"道明师祖"的僧人向四方化缘，重建了部分寺宇。民国时期，寺院荒败。

方山定林寺旧影

　　2004年，经十方募集，方山重建定林寺大雄宝殿等殿宇。在江宁科学园支持下，通往定林寺的上山公路也得以建成。次年，寺务委员会成立，寺院正式对外开放。而今，每日晨钟暮鼓，香火缭绕，香客、游人络绎不绝。

　　明代诗人盛时泰曾结香茅于方山，作《宿定林寺》。吟诵之，可回味方山定林寺那些逝去的时光：

<blockquote>
乞食归来晚，云堂已闭关。

明月篱犬吠，经罢木鱼闲。

白板双扉启，青藜一杖还。

挑灯石岩下，趺坐小尘寰。
</blockquote>

牛头宗祖庭幽栖寺和佛窟寺

法融

唐贞观年间（627～649年），有一位叫法融的高僧先在幽栖寺、后在佛窟寺研习佛典，创立了牛头宗。之所以称之为牛头宗，是因为法融是在牛首山中的佛窟寺修成正果。这也是在南京首创的佛教宗派，载入中国佛教史册。幽栖寺、佛窟寺因此成为牛头宗祖庭。

牛头宗，佛教禅宗早期宗派，是将般若三论的空观义理与达摩一系的禅观思想相融，提倡"忍辱"，强调"融合"。其特色在于排遣多言，而着眼于空寂。牛头宗的创立，对后来禅宗的兴起，尤其是禅宗分化后慧能"南禅"学说的创立影响深远。此宗后来逐渐被曹洞宗所消融。入唐求法的日僧最澄曾将其传入日本。

牛头宗创立者法融（594～657年），俗姓韦，润州延陵（今江苏丹阳延陵镇）人。他19岁入茅山从炅明法师剃度，研习般若三论和《大般若经》《大集》《法华》《华严》等大乘经论，系金陵摄山学系第五代法嗣，亦为禅宗第四代祖师道信的弟子。据唐刘禹锡《牛头山第一祖融大师新塔记》中载："由禅宗四祖道信传法于法融。与大师相遇，性合神契，至于无言，同跻智地，密付真印，揭立江左，名闻九围，学徒百千，如水归海"。他晚年入住建初寺弘法，在建初寺圆寂。由于他创立了牛头宗，被尊为牛头宗初祖，史称"东夏之达摩"；后传六世，称"牛首六祖"。

幽栖寺位于南郊幽栖山的南麓，始建于南朝刘宋大明三年（459年），以山为名。唐贞观十七年（643年），法融禅师入幽栖寺，于北岩下构茅茨禅室，潜心修行弘法。相传，唐贞观二十一年（647年），法融在幽栖山北坡开讲《法华经》《大集经》。其时大雪纷飞，忽从皑皑白雪中绽放奇花两朵，状似芙蓉，灿烂金色，七日花方谢。又时有百鸟翔集，纷纷衔花来献。为此，后人将法融讲经处称为"献花岩"。清绘"金陵四十八景"之"献花清兴"，即指此处。类似的传说有很多。相传山中有石室，深约十步，法融坐于其中。忽一日，有神蛇长丈余，目如星火，在石室门口举头扬威，如此昼夜，见法融不为所动，于是离去。又有群鹿依室听法，毫无惧容。其中二鹿直入室内，与诸僧一起听法，三年乃去。法融在幽栖寺数年之中，从其修行的僧侣达百余人，法门渐兴。由于他创立了牛头宗，幽栖寺成为"江表牛头"的发祥地，亦被誉为南宗祖堂，为此改称祖堂寺。幽栖山自此也更名为祖堂山。

祖堂寺于晚唐光启四年（888年）被废，五代杨吴大和二年（930年）重建，改额延寿院。南唐时期，先主李昇在政务倥偬之际，常来祖堂山游赏；中主李璟也多次来寺院礼忏拜佛；后主李煜更是为山寺大兴土木，使其成为著名的丛林和皇家避暑胜地。李昇和李璟死后就葬在了祖堂山西南麓。其墓民间俗称太子墩，也就是今天的"南唐二陵"。后主李煜之所以在此造寺千间，是因为要为先帝守陵，使其相当于皇家的陵寺。北宋治平年间（1064～1067年），恢复旧名幽栖寺。明代重建，复称祖堂寺。据明《金陵梵刹志》记载，祖堂寺占地243.2亩，为大刹报恩寺统辖下的中刹。寺内主要建筑有金刚殿五楹、天王殿五楹、佛殿五楹、千佛殿五楹、观音殿三楹等。寺前建有一座无梁殿，以及回廊、渡桥等建筑。今在寺院旧址墙砖上还能看到刻有"嘉靖十五年建造"的字样。

祖堂寺至清代，尚有僧房400余间。清绘金陵四十八景之"祖堂振锡"，描绘了当时祖堂寺的景致。这出自于画僧髡残的作品。髡残（1612～约1692），湖广武陵（今湖南常德）人，俗称刘，字介丘，号石谿、白秃，自称残道者，晚年署石道人。他20多岁时削发为僧，云游名山，于顺治十一年（1654年）至金陵，住大报恩寺皈依高僧觉浪，参校《大藏经》；又于顺治十五年（1658年）住持祖堂寺，结茅幽居，精研禅理，潜心画学。其代表作有《苍翠凌天图》《层峦叠壑图》《溪山幽居图》《报恩寺图》等，与最著名的画家石涛并称为"二石"。

至清代，祖堂寺的建筑连同留在寺中的髡残作品，在太平天国战火中荡然无存。以后经过同治、光绪年间的陆续重建，寺庙方有所恢复。到了民国时期，仍有香火。20世纪30年代，史学家朱偰曾去考察，将拍摄的幽栖寺照片收入其作品《金陵古迹名胜影集》（1936年商务印书馆出版）中，为后人留下了宝贵的资料。

南京解放后，祖堂寺已很破败。1958年，拆除无梁殿等建筑，改作精神病院。1992年，祖堂寺遗址及祖师洞、银锭桥、水井等遗存被列为市文物保护单位。精神病院也于2003年迁出。自1994年始，有九华山宏成法师在祖堂寺遗址附近兴建寺庙，陆续建成大雄宝殿、佛母殿、地藏殿等，并以牛首山已逝的"宏觉寺"为其寺名，一时给人以迁寺之错觉。实际上，祖堂是牛首的分支，两山似断若连，相距而不相离。为此，祖堂山新建寺庙请额"宏觉寺"，也不为之过。

再看佛窟寺。它处在牛首山西峰，始建于梁天监二年（503年），因相传此处曾为高僧辟支坐禅之地，遂名佛窟寺。说起佛窟寺，还得先讲讲它所在的牛首山。牛首山，海拔240多米，有两峰东西相对，犹如两只牛角，因此得名。它又名天阙山。这缘于晋元帝司马睿在建康（南京）建都，要在正南的宣阳门外建双阙，以示皇权至尊。丞相王导以为政权草创，不宜耗财，于是陪元帝出宣阳门，指两峰对峙的牛首山道："此天阙也，岂烦改作！"元帝心领神会而纳之。为此，牛首山便有了天阙山之称。它还被称作仙窟山。这又与高僧辟支有关。传说辟支在山上的一个窟穴"立地成佛，上天为仙"。民谣颂"祖堂有座无梁殿，牛首山上出神仙"，说的就是这个事。此窟后被称作辟支洞。后在辟支洞处建寺，称作仙窟寺。如此说来，似乎就有了佛窟寺、仙窟寺两座寺。也有一种说法，两寺的名称仅一字之差，也可能就是一个寺。

至唐代，自法融入住幽栖山幽栖寺后，知牛首山佛窟寺有"七藏经书、一佛经、二道书、三佛经史、四俗经史、五医方图符"，于是便成了佛窟寺的常客。他与佛窟寺僧显法师交厚，在其帮助下苦读寺内藏经，长达8年之久。相传，牛首山素来多虎，樵人很少来此。法融居此百日后，猛虎绝迹，人往还无阻。唐贞观十九年（645年）夏，佛窟寺连同藏经毁于一场林火。大历九年（774年）建了一座七级佛塔，有关佛塔将做专门介绍。天佑年间（904～907年）重建寺庙，先后更名为长乐寺、资善院、福昌院。至南唐，后主李煜将其更名为弘觉寺；至宋初，改称崇敬寺；明洪武年间，敕复旧称佛窟寺，正统年间又复名弘觉寺。到了清代，

牛首山弘觉寺旧影

为避乾隆帝弘历之讳，将其改称宏觉寺。乾隆帝下江南期间，曾亲为其佛殿题"万法皆知"匾额。其寺后在咸丰年间毁于太平军战火，同治年间又重建。民国初，寺名改称普觉寺。南京沦陷后，日军在牛首山西峰狂掘铁矿，寺庙再遭破坏，连同西峰轰然塌陷。牛首山双阙，仅存一峰。1950年，恢复宏觉寺的寺名。1958年，寺庙被并，"文革"期间寺庙遗存建筑亦被毁坏。1994年，祖堂山请额"宏觉寺"，兴建了新的寺庙。

牛首山从佛窟寺到宏觉寺，因1400多年前法融的丰功伟绩而名扬天下。吟颂牛首山的历代诗文众多，仅现在收集到的就有500余篇（首）。现录明代文人陈沂《经牛头山寺》诗一首，共赏之：

落日牛头寺，攀缘岭七盘。

鸟声林叶暗，山影石溪寒。

清梵空中听，丹楼画里看。

到门僧不见，松桂满秋坛。

江南三论宗祖庭栖霞寺

栖霞寺，坐落在摄山中峰西麓，系南齐永明元年（483年）隐士明僧绍舍宅为寺，因明僧绍号栖霞，因此被称为"栖霞精舍"。此为栖霞寺之发端。摄山后也以寺名为山名，称作栖霞山。

明僧绍，字休烈，一字承烈，平原鬲县（今山东德州）人。他是一位饱学而又不愿博取功名的高士。古人称这类高士为隐士。他在南朝宋元嘉年间举秀才，后隐居崂山聚徒讲学。宋泰始年间（465～471年）因避战乱，他遂渡江至江乘，隐入摄山，结庐而居，修习善业20余年。其间，他师事定林寺僧远，曾住于寺中。宋末，道教思想家顾欢著《夷夏论》，抑佛扬道，挑起了著名的"夷夏之争"。明僧绍则著《正二教论》，予以驳之，认为"道家称'长生不死'，更"大乖老、庄立言本理"。齐高帝曾慕其道德学识，请僧远引介，被他避之。齐武帝7次下诏书征其为官，均被他拒绝，被尊为"征君"。之后，他结识了来摄山讲授《无量寿经》的法度禅师，深受其影响，舍宅从佛。

明僧绍的"征君"之誉，史上少见。为此，两百多年后，唐高宗李治为其树碑立传，并亲自撰写了共计2376字的《明征君碑》碑文，介绍明僧绍当年隐居摄山，婉谢皇帝征召，信奉佛教等史事，褒扬了明征君的高行节操。《明征君碑》通高2.74米、宽1.31米、厚0.36米，由大书法家、卫尉少卿高正臣书写碑文，朝散大夫王知敬篆额。碑阴的"栖霞"两个大字，据说为李治亲题。此碑历经千年，至今仍完好地保存在寺院中（碑文仅残损10余字），被列为全国重点文物保护单位。

栖霞寺自南朝齐永明二年（484年）始凿千佛岩，又于隋仁寿元年（601年）建舍利塔，成为集佛寺、佛窟、佛塔于一身的典型寺院代表。有关千佛岩、舍利塔的详情，将在以后章节中做专门介绍。

栖霞寺住持法度圆寂后，有来自辽东的僧朗继承了法席，人称摄山大师。僧朗于栖霞大倡"三论"（佛教典籍《中论》《百论》《十二门论》）之学，后有僧铨、法朗等数代相传。至隋，法朗高足吉藏在长安日严寺创立了三论宗。此宗因其着重阐述诸法性空的理论，又称作法性宗，成为中国佛教的重要宗派之一。为此，僧朗被尊为江南三论宗初祖。栖霞寺亦成为江南三论宗祖庭，致使其地位扶摇直上。

唐高祖武德年间（618～626年），栖霞寺迎来黄金时期。其应诏增建殿宇49座，改称功德寺、隐君栖霞寺等，与山东灵岩寺、湖北玉泉寺、浙江国清寺并称为"四大丛林"。然而，到了唐武宗会昌五年（845年），作为"四大丛林"之一寺院，竟因朝廷排斥佛教而遭到废弃，直至宣宗大中五年（851年）才得以重建。

自唐代至明初的大约700年间，据朱洁轩《栖霞山志》所云，栖霞寺"寺额名称，往往随帝王私意而更变之"，除了前面提到的功德寺、隐君栖霞寺外，还有妙因寺、普云寺、严因崇报禅院、景德栖霞寺、虎穴寺等数名。有意思的是，栖霞山原以寺名而名，之后便不再跟随寺名更迭而变化，始终保持着"栖霞"之封号。南宋高宗建炎四年（1130年），寺院因金兀术率军破城而毁于战火，直至明洪武二十五年（1392年）才得以复建，并恢复栖霞寺名称，沿用至今。

明代，栖霞寺属次大刹，在三大刹之一的灵谷寺统辖下。它虽是次大刹，已具相当规模，有山门1座、天王殿等七殿共36楹、僧院31房，以及僧众百余人。其后兴衰不断，尤其是清咸丰年间的太平天国运动中，寺院遭全面焚毁。

民国八年（1919年），镇江金山寺宗仰法师目睹栖霞寺废墟，发宏愿要恢复这座六朝名刹，随即亲任栖霞寺方丈，启动了寺院重建工程。宗仰（1865～1921年），俗姓黄，字中央，法名印楞，别号乌目山僧，又号楞伽小隐，江苏常熟人。他早年从常熟三峰寺药龛出家，后于镇江金山寺受具足戒，精研三藏，还善书画诗词，兼通英、日文。光绪二十七年（1901年），他与章太炎、蔡元培、吴稚晖等在上海成立中华教育会，任会长，从事反清活动，后因遭通缉东渡日本。光绪三十四年（1908年），他返回上海，主持编辑《频伽精舍大藏经》，

《明征君碑》上
唐高宗李治题字

栖霞寺旧影

数年始成。之后，他回到金山寺，闭门研读《大藏经》。自他任栖霞寺方丈后，多方募款集资，开始了艰难的重建工作。由于他在日本流亡时与孙中山相识、交往，中山先生率先捐款一万元，予以支持。遗憾的是，宗仰法师未能坚持到修寺工程完成，于民国十年（1921年）在僧舍圆寂，葬栖霞三峰寺侧，被尊为栖霞寺第一中兴祖师。僧众为其建塔以示纪念，并由章太炎亲撰《栖霞寺印楞禅师塔铭》。

宗仰圆寂后，其法徒若舜继任方丈，修寺不止，终于民国十七年（1928年）使古刹风姿再现。民国二十二年（1933年），英、法、德等国佛教信徒联袂来中国，选择栖霞寺求戒。若舜礼请诸山长老，弘传戒法。抗日战争时期，明常、寂然法师等在栖霞寺设难民所，收留难民二万余人，使其免遭日军屠刀。日本投降后，一批日军战俘在栖霞寺等待遣返时，曾自凿"受降井"。此井今尚存，但井水已枯竭。

南京解放后，栖霞寺是恢复开放的重点寺院之一，并于1963年设过海大师堂。据史料记载，唐代过海大师鉴真第五次东渡日本时漂流到海南岛，在登陆北返途中曾下榻栖霞寺三日。为此，在鉴真和尚圆寂1200周年之际，设堂纪念之。纪念堂正中佛龛内供奉的鉴真和尚脱纱塑像，系日本奈良招提寺第八十一代传人森木顺孝亲自塑造。"文革"中，寺院虽被关闭，仍受到严重损坏，殿堂佛像全部被毁。改革开放以后，寺院迅速得以重整，殿堂佛像、玉佛楼等全面得到恢复。1979年寺院对外开放之际，时任中国佛教协会会长的赵朴初撰文并书写了《重修摄山栖霞寺记》。1983 年 11 月，经国务院民族宗教事务局批准，成立中国佛学院栖霞分院，由赵朴初任院长、栖霞寺方丈茗山任第一副院长，以培养僧才。栖霞寺新建的建筑有牌坊、钟楼、鼓楼、地藏殿，以及佛学院校舍等。

栖霞寺僧人在习经

2010 年 6 月 12 日上午，来自各地的众僧举行佛祖顶骨舍利盛世重光迎请法会。栖霞寺法堂迎来长干寺地宫的阿育王塔。在海内外高僧大德的见证下，佛祖顶骨舍利从阿育王塔的金棺银椁中被隆重请出。那一刻，千年古刹栖霞寺上上下下光彩照人。自此，佛顶骨舍利在寺内专设的重光塔中供奉了五年，于 2015 年被护送至牛首山佛顶宫。

古刹栖霞寺，历史上留下众多的诗词。这里录唐代诗人皮日休《游栖霞寺》，共赏之。

游栖霞寺

不见明居士，空山但寂寥。

白莲吟次缺，青霭坐来消。

泉冷无三伏，松枯有六朝。

何时石上月，相对论逍遥。

舍帝宅为寺的光宅寺及永庆寺

在南京中华门东隅、老虎头44号隐匿着一座石观音寺。寺很袖珍，大殿、后堂和院落加起来不过一百多平方米，置身在仅有两人宽的小巷深处，如同民居一般，很难被人觉察。所不同的是，它有一扇红门，每到农历初一和十五开门迎客时，就会吸引来自四面八方的信众，并时有海外侨胞前来瞻礼。别小看这个袖珍寺庙，它来头可不小，前身乃南朝梁武帝萧衍舍宅为寺的光宅寺。

南朝梁天监六年（507年），梁武帝萧衍舍秣陵县同夏里三桥旧宅置光宅寺。梁代三大法师之一的法云出任寺主。寺宇供奉有僧祐所造丈九无量寿佛铜像。元《至正金陵新志》记载："云光法师讲法华经于寺，每有花如飞雪满空。"陈朝智顗法师（即天台宗初祖）也曾居寺开讲《妙法莲华经》。梁朝才女刘令娴还写了首收入《玉台新咏》的情诗，描写了光宅寺："长廊欣目送，广殿悦逢迎。何当曲房里，幽隐无人声。"所有这些，致使光宅寺在南朝时期声名显赫，广闻天下。

光宅寺云光说法

可能因光宅寺是帝王舍宅为寺之故，民间传闻也就多了起来。相传寺成之时，其供奉的观音像连续放光七日，因此得名光宅寺。又传，光宅寺要置一座丈九无量寿佛铜像，因铜料不足，梁武帝给功德铜三千斤，遣人送到铸铜处。铜料刚运到，铸炉所铸铜像已近尾声，连忙将铜料倒入，一灌便足。及开模成像，正好一丈九尺长，丝毫不差。人皆以为是灵感所致。再传，云光法师在光宅寺讲完法华经，随即升空而去。诸多传说，给光宅寺增添了传奇色彩。

隋唐以后，光宅寺日渐荒废。南唐时寺院仅存地数亩，更名法光寺。北宋时寺僧募资重修，改称鹿苑寺。王安石曾咏诗叹之："翛然光宅淮之阴，扶舆独来止中林。千秋钟梵已变响，十亩桑竹空成阴。"元代，大书画家赵孟頫及管仲姬曾在寺内画观音大士像，并以此为摹本刻石成像，成为画界珍品。明永乐年间，寺院以修建大报恩寺余款重修，由西域回光大师住持，更名回光寺。明神宗万历元年（1573年），寺院再一次重修，并立碑记事。然而在之后的战乱中，寺院终成废墟。

清乾隆四十六年（1781年），有一游方和尚在寺院废墟中掘得一尊石观音像，随即在此建寺庙，取名石观音寺。关于这尊石观音像的来历，有不少传闻。一说是后人仿赵孟頫画观音大士像所刻。又一说是，寺中大殿下有一口井，井中有蛟龙年年引发大水。后来有人在井上供奉石观音雕像，才将蛟龙镇住。还有一说：当年梁武帝的皇后郗氏生性好妒忌，残害后宫，后因诋毁高僧宝志遭武帝当众训斥，不堪羞愤投井自尽，化为蟒蛇。有一日，郗氏托梦给武帝，请他设法为其超度。武帝念于旧情，亲撰《梁皇宝忏》，册封郗氏为龙天女，并依郗氏容貌雕石观音像置于井上。为此，民间至今仍称光宅寺所在的地方为蟒蛇仓或回龙里，又称那口井为郗氏窟。

清甘熙在《白下琐言》里记叙了有关石观音寺的趣闻："大士香火，旧以蟒蛇仓、石观音为盛。六月间，赛会喧阗，达旦不绝，仿佛三天竺之胜。嘉庆甲戌，烧香者皆赴鸡鸣山观音楼，此遂冷落。其时城北哄传，有白发老妇，自蟒蛇仓肩舆至鸡鸣寺进香，倏忽不见，谓为大士化身。其事近涎，然兴替自有定也。"

现在的石观音寺，是1980年以来由信众自发几次修复而成的，1982年被列为市级文物保护单位。老南京人都知道城南有座石观音寺，而知道它曾经

光宅寺石观音内景旧影

是光宅寺的反而不多了。

　　如果说，梁武帝舍帝宅为寺的光宅寺尚有蛛丝可寻，那么其女永庆公主舍宅为寺的永庆寺已无踪影。

　　永庆寺，位于五台山东侧，建于梁天监年间，原为永庆公主的府第，后捐出为寺，故寺名永庆。寺内有五级石塔一座，全用白石砌造，系永庆公主捐汤沐之资所建，为此又有白塔寺之称。

　　梁代以后，永庆寺建筑多已颓圮，惟塔独存。此后历代多有修茸。明建文四年（1402年），寺院经魏国公徐达裔孙左都督徐增寿同僧清古涧具奏重建，修缮白塔，被敕赐"永庆禅寺"额。明永乐六年（1408年）、永乐十年（1412年），以及正德年间又先后重修。据史料记载，永庆寺为中刹，有"山门三楹，天王殿五楹，正佛殿五楹，左立佛殿三楹，伽蓝殿三楹，右观音殿三楹，宝塔一座，祖师殿三楹，钟、鼓楼二座，回廊二十二楹，方丈十楹，僧院十四房"。清咸丰年间，永庆寺白塔毁于太平天国战火，寺庙亦遭严重损害。同治年间僧宏兴重建。《金陵胜迹志》记载："光绪十六年（1890年），永庆寺毁于火灾，三十一年（1905年）僧冠玺重建大殿、南楼等，规模又粗备矣。"又据《南京文物志》记载："南京解放时，永庆寺占地面积缩至878平方米，且仅存硬山顶、小瓦式佛

收藏爱好者钱长江（中）收集到的永庆寺行李箱

殿1座,后改为市针织五厂车间使用。"1992年,永庆寺被列为市级文物保护单位。1995年,因城市建设需要,拓宽上海路时,永庆寺被拆除。

永庆寺虽已不存,但有关它的话题还会被老南京人聊起。可能是民间对梁武帝过于沉溺于佛教颇有微词,也就有了这么个传说:永庆公主曾参加梁武帝举行的一个盛大香会。武帝在祈求赐福时,得到神的旨意,要将永庆公主收为左右侍从。他竟不说个"不"字,将爱女赐死。永庆公主死后,梁武帝将她葬在其居所后山,建永庆寺以示纪念。寺中事务由女尼主持,并在寺中供奉永庆公主像。永庆公主下葬时,武帝怜其早亡,为她陪葬了许多金银财宝。老南京人流传着一句顺口溜:"挖了永庆公主坟,能富金陵半个城。"当然,这只是传说而已,从不曾有人去挖什么坟、致什么富。

有收藏人钱长江在民间觅得永庆寺木箱一具。此箱系僧人外出时使用,配有或背或担之扣件,很是难得。清代诗人陈文述在收入《秣陵集》的诗中亦这样恋着永庆寺:

> 西竺金仙宅,南朝玉女家。
> 宫鬟消宝镜,舞袖失天花。
> 秦苑无翔凤,台城有暮鸦。
> 几番凭吊处,惆怅晚天霞。

由同泰寺到鸡鸣寺

同泰寺是南朝的一座皇家寺院，于南朝梁普通八年（527年）建立，原址利用了东吴后苑、东晋延尉署的旧址，经近期考证，具体位置应是在今珍珠河的东侧。而鸡鸣寺是在鸡笼山上，明初仅是一座很小的普济禅师庙，后于洪武二十年（1387年）明太祖命崇山侯李新督工重建，称作鸡鸣寺。也就是说，同泰寺和鸡鸣寺原本就是相邻的两座寺庙，并不存在谁是谁的前身后世的问题。可能因历史上的同泰寺名气太大，又在元代完全消失，于是后人就将它与现存的鸡鸣寺联系了起来，以为后者是前者的直接继承。现在流传的一些有关佛寺的读本，也是这么认为的，但事实上这种观点值得商榷。

先说同泰寺。据《建康实录》记载："寺在宫后，别开一门，名大通门，对寺之南门，取反语以协'同泰'为名。帝晨夕讲议，多此门出入。"有"皇帝菩萨"之称的梁武帝竟以"大通门"沟通了皇宫与佛寺。武帝在位48年，先后四次"舍身"同泰寺当和尚，每次又暗使众臣用重金为他"赎身"，为寺院敛财。这位皇帝还亲撰《断酒肉文》，要求佛教徒必须戒酒肉。自此，素食成为僧人的一大生活方式。

当时的同泰寺的规模很大，有大殿6座、小殿及佛堂10余座，东西般若台各三层、七层大佛阁1座、九层佛塔1座等；供奉十方金像、十方银像等；常住僧众达1000人，在南朝四百八十寺中首屈一指。禅宗始祖达摩在创立禅宗前，曾应武帝邀请来建康弘法，下榻于同泰寺。武帝与达摩有过一次经典的对话，收录在后世禅宗的《祖堂集》。

帝问曰："朕即位以来，造寺写经度僧不可胜纪，有何功德？"师曰："并无功德。"帝曰："何以无功德？"师曰："此乃人天小果，有漏之因；如影随形，虽有非实。"帝曰："如何是功德？"师曰："净智妙圆，体自空寂。如是功德，不以世求。"帝又问："如何是圣谛第一义？"师曰："廓然无圣。"帝曰："对朕者谁？"师曰："不识。"

武帝显然无法理解达摩的佛理深意，变色不语。达摩见武帝不悦，悄然离同泰寺而去。据说，宝志法师得知他俩的对话，连连击掌，声声可惜。武帝听之追悔不及，急忙派人出寺庙拦截，也才有了达摩"一苇渡江"的故事。不管怎么说，达摩"一苇渡江"，堪称南京历史上最大的佛教人才流失事件。

梁大同元年（546年），同泰寺九层佛塔遭雷击焚，并延及整个寺院。武帝很快将殿宇修复，还要再造一座十二层佛塔，以取代旧塔。塔刚动工，逢"侯景之乱"而止。在侯景领军攻城中，寺院毁于战火。杨吴顺义二年（922年），在同泰寺废址上建起千福院。南唐时期，其寺先后改名净居寺、圆寂寺。至宋代，寺院分出一半为法宝寺。元代，寺院被战火夷为平地，一代各刹从此消遁。

再来说鸡鸣寺。它位于鸡笼山东麓，占尽地理优势。鸡笼山，北临玄武湖，东连覆舟山，西接鼓楼岗，山势浑圆，形似鸡笼，故名。据《金陵梵刹志》载："晋永康间，依山（指鸡笼山）为室始创道场，旧有佛寺五所。"鸡鸣寺就是在西晋旧五寺院废址上建起来的。敕建鸡鸣寺之前，朱元璋曾亲临鸡笼山，选址山麓东坡下建造国子监，因山名不合旨意，改"鸡笼"为"鸡鸣"，取"晨兴勤苦"之意。

鸡鸣寺依山就势而建，有三重山门。朱元璋题额"鸡鸣寺"，又亲自给三个山门命名为"秘密门"、"观由所"、"出尘径"，还将灵谷寺宝志和尚遗物迁葬于此，建塔5级，每年遣官致祭。寺为次大刹，属大刹天界寺统辖。当时，寺院香火兴旺，相传皇后马娘娘常来敬香，为此特开凿了一条进香河。今河已改成暗流，地名还在。由于寺居山阻城，地不开阔，洪武初创时规模受到一定限制，后经宣德、成化年间的扩建，又有弘治年间为时6年的大修，占地已有百余亩，常住寺僧达百余人。主要殿宇有大王殿、千佛阁、正佛殿三重大殿，左观音殿、右轮藏殿、左伽蓝殿、右祖师殿四座偏殿，以及钟楼、鼓楼、凭虚阁、凉亭、公学、茶房等附属建筑。从鸡笼山下仰视，殿堂门庑耸肩而立，俨然如祇园。入寺曲廊迤逦，皆从复道陛降而进，经数重山门方至佛殿，以为已行数里。登凭虚自远近眺望，可欣赏列入清金陵四十八景之"鸡笼云树""北湖烟柳"。

明以后，鸡鸣寺因年深月久而失修，殿宇呈危相，志公塔也倒塌毁废。

鸡鸣寺观音楼

清康熙、乾隆年间曾有过两次重修。康熙南巡时为寺院题书了"古鸡鸣寺"匾额。乾隆南巡时，地方上为寺院重修了凭虚阁，作为其驻跸的行宫。寺院在咸丰年间毁于战火，同治年间重修，仅存正殿等10余间房。同治六年（1867年），有寺僧西池等募资建了一座观音楼，供奉观音菩萨。与其他寺院不同的是，观音菩萨像坐南朝北，而非坐北朝南。其两侧楹联为："问菩萨为何倒坐，叹众生不肯回头"。鸡鸣寺自此又被称为观音阁、观音楼。自打建起了观音楼，在观音菩萨诞生、成道、出家纪念日（农历二月十九日、六月十九日、九月十九日），前来朝敬的香客不绝于途，摩肩接踵，人流如潮。这种热闹的场景除"文革"时期一度中断外，一直延续到了现在。

光绪二十年（1894年），两江总督张之洞将殿后经堂改建为"豁蒙楼"。所谓"豁蒙楼"，取之于杜甫名句"朗咏六公篇，忧来豁蒙楼"，系张之洞为纪念其好友杨锐而题的楼名。杨锐，乃戊戌变法殉难六君子之一。张之洞曾与之同游鸡鸣寺，在寺内对酒吟诗。杨锐当时反复吟诵的就是杜甫的这首诗句。张之洞怀旧，在吟诗处建起了这座颇具人文色彩的楼宇。民国三年（1914年），寺僧石寿、石霞在豁蒙楼旁增建了一楼，号称景阳楼。因鸡笼山及其附近为六朝宫苑之地，曾有皇宫之景阳楼、华林苑

鸡鸣寺山门

之景阳殿名号，此楼借用其名以存古意。这里原本地理位置绝佳，再有了豁蒙楼、景阳楼，加之两楼之下还有胭脂井，一时成为众多文人雅士怀古、休憩的好场所。所谓胭脂井，又称辱井，是南朝末代皇帝陈后主携宠妃张丽华逃躲之处。此井隋唐时湮没。宋代进士曾巩为之写过辱井铭，中有"辱井在斯，可不戒乎？"现存之井，为后人所开。

南京解放后，鸡鸣寺是首先恢复开放的寺院。寺院于1958年改为尼众道场，常住尼众25人。后一度改作工厂。1973年因遭火灾，寺院建筑包括观音楼、豁蒙楼、景阳楼等均被焚毁。自1979年始，鸡鸣寺开始全面恢复建设，先后重建了大雄宝殿、弥勒殿、藏经楼、景阳楼、豁蒙楼、观音殿，以及新建了药师塔、大悲殿、方丈室、法堂、念佛堂、钟楼、鼓楼、祖堂、慈航桥等百余间房。2003年，中国佛学院栖霞分院尼众部成立，设于鸡鸣寺。

与"一苇渡江"相关的长芦寺和定山寺

达摩渡江

"一苇渡江"的民间故事，相传甚广。说的是，南天竺高僧菩提达摩被梁武帝萧衍请到建康（南京）同泰寺弘法，因与武帝言语不契，不辞而别。武帝悔之，骑着骡子追赶，一直追到幕府山，过山谷时两侧山峰渐渐合拢，将他的坐骑夹住，让他动弹不得。由此形成了夹骡峰。而达摩则悠悠然到江边，信手折了一支芦苇，掷于江中，脚踏芦苇渡江北上。当然这只是个神话传说，而达摩的确是在幕府山下渡江的。到了江对岸，他先是在长芦寺歇脚，又到定山寺驻锡，再往嵩山少林寺面壁，终修成正果，成为中国佛教禅宗初祖。

长芦寺，位于六合长芦镇，寺以镇名，全称长芦崇福禅院，始建于南朝梁普通年间。此寺因高僧菩提达摩"一苇渡江"，至此歇脚而名扬天下，遂成为禅宗名刹之一。

长芦寺因紧靠长江江岸，水道不稳，江岸经常坍塌，以至于频繁更易寺址。建寺之初，几乎每年更易。北宋天圣初，曾大兴土木，重建寺院。后寺院又受江扰，山门被大水冲垮，曾"用生铁数万斤垒门下"，以加固地基，还铁铸"参沙神"（俗铁金刚）镇于江岸。诗人陆游在《入蜀记》中云："发真州，过瓜山（今六合瓜埠山），望长芦寺，楼塔重复。"王安石也在《真州长芦寺经藏记》中，赞其"以藏五千四十八卷者"。以后江岸继续后退，至南宋淳熙年间之初，寺院终被水淹。

南宋淳熙十二年（1185年），长芦寺"徙至滁口山之东"的河曲沙岗上，在今址重建。之后，因长江主洪道南移，泥沙向北岸冲积，反而使得寺院逐渐远离江岸。开禧二年（1206年）寺院在金兵南侵时毁于战火。嘉定五年（1212

年），寺院再次重建，规模超过历代，有三宝殿、达摩祖师殿、金刚殿、一苇堂、立雪堂、直指堂、造佛堂等殿宇。而在清咸丰年间，寺院再遭战火破坏。

民国九年（1920年），寺僧以募捐化缘所得建大殿、东西客堂等，抗日战争后续修。1958年，寺院被并，其用地划归长芦中学使用。1983年，市政府拨款对尚存大殿五楹和东西厢房进行修葺，恢复明清建

长芦寺梅花井

筑原貌，并对寺内两口宋代"梅花井"及两株千年古银杏树采取了保护措施。

自2010年始，长芦寺在旧址附近的太子山公园重建，目前尚在建设中。

长芦寺曾被列为"六峰八景"之一，载入清光绪《六合县志》之中。当时的邑令苏作睿写有《长芦晚钟》诗一首：

> 何处鲸音发太空，云移山寺半朦胧；
> 归鸦欲宿飞无定，夕鸟相呼侣无从。
> 袅袅声迎林外月，悠悠韵引岸前风；
> 老僧莫问西来意，请听晓鸡是否同。

定山寺立寺的时间比长芦寺要早，始建于南朝梁天监二年（503年），系梁武帝为高僧法定建的精舍，赐名"定山寺"，有"江北第一寺"之称。定山寺是梁普通七年（526年），高僧菩提达摩从长芦寺来此驻锡的寺院，位于浦口大顶山狮子峰下。所谓大顶山，原名六合山，亦称六峰山，因山巅有狮子、双鸡、寒山、石人、芙蓉、妙高等六峰环合，互相拱抱，故而得名。六合县名即源于此，因明洪武九年（1376年）以前，老浦口隶属于六合县。自有了定山寺，六合山改称大顶山，这是出于"定"与"顶"字的谐音之讹，实际上是以寺名为山名。

相传达摩曾驻锡定山寺，面壁修行三年，留下了达摩崖、面壁处、宴坐石、卓锡泉等遗迹。所谓卓锡泉，因达摩思念故乡西域之泉水，用锡杖捣地，泉水竟从地下汩汩而出，故名之。达摩创建的禅宗"一花五叶"，即从中产生了临济、曹洞、云门、沩仰、法眼五个流派。前"三叶"在定山寺都有后人，而且传承清晰，属于祖师型的人物。他们是"真州定山惟素禅师""真州定山方禅师""定山文彦禅师"。这表明定山寺不仅是佛教禅宗祖庭，而且一直是禅宗后人重要的道场。北宋词人贺铸登临定山赋诗，就称颂寺院为"达摩第一道场"。南宋词人张孝祥也曾至此参谒，作诗《题定山寺》：

> 寒驴夜入定山寺，古屋贮月松风清。
> 只闻挂塔一铃语，不见撞钟千指迎。
> 千山苍茫月东出，万木摆摇风怒号。
> 幽人隐几抚群动，青灯照灭炉烟高。

从这首诗中透露出来的信息表明，隐于深山老林中的寺院建有佛塔，环境十分怡人，是文人骚客喜于吟诗作赋的好去处。正如《江浦埤乘》中所云：寺院"四围山绕，南辟如门，与雉堞楼橹掩映相望，苍松夹道，岫岭参差，诚天然图画也"。

定山寺历经千年，尽管时有修缮，但禁不住兵燹和洪水的破坏侵袭，至民国年间，仅存部分殿宇。1954年，寺院残余建筑在大雨中塌毁。1982年政府开展文物普查时，有关人员在定山寺遗址的草丛中，发现了寺院住持圆寂荷花缸与墓塔残件。其上镌刻"传临济正宗第三十三世定山微真明公禅师塔"。与此同时，找到了明弘治四年（1491年）洁云禅师所立达摩祖师画像碑。此碑为国内现存最早的达摩造像碑，图案清晰，栩栩如生，保存完好，很是难得。1983年，定山寺遗址被列为区级文物单位。2008年，中国社会科学院佛教中心在定山寺遗址举行仪式，成立"南京达摩研究基地"。

律宗中兴祖庭古林寺

古林寺，位于城西的古平岗南边，最初仅是一个很小的观音庵，由南朝时梁僧宝志在那里搭棚设立，南宋淳熙年间改名叫古林庵，又至明万历年间改庵为寺。

古林寺虽说是南朝高僧宝志创立的，但使其扬名的却是明代高僧古心。正是由于他在古平岗将庵拓展为寺，弘扬律宗戒法，古林奇才名扬天下。一时间，古林寺与香林寺、毗卢寺并称"金陵三大刹"。

古心（1540~1615年），俗姓杨，名如馨，溧水人。他20岁时在栖霞寺剃度为僧，后至五台山习经。因他精研律学，持戒谨严，深受僧众尊重。明世宗曾请其在五台山建龙华大会，赐锡杖、衣钵1250副。万历十二年（1584年），古心来到南京，住古林庵。当时的古林庵"屋仅三楹，园方百尺"。经过他三年不懈的努力，小庵终成大刹。

古心对于佛教的最大贡献在于中兴戒律。佛教的宗派纷呈，流传后世的主要有"性、相、宗、贤、禅、净、律、密"八大宗。其中的禅宗最为普及，因其提倡佛性本有，不假求外，不读经，不礼佛，不立文字，强调"即心是佛""见性成佛"的顿悟，简便易行。现在各地的佛寺以禅宗为多。而律宗，强调的是禁戒纪律，规定比丘二百五十戒、比丘尼三百八十四戒，必须严格遵守。精于律宗、善于讲解的僧人被称为"律师"。此宗由唐代道宣律师在终南山创立的，并创设戒坛，以及授戒仪式，因而又被称作南山宗。唐代著名的鉴真和尚，就是律宗传人。元、明之际，律宗衰微，法系传承几乎断绝。也就是这个时候，作为律宗的第十三代传人古心律师，在古林寺设立戒坛，传授戒法，成为南山律宗中兴始祖。古

古心画像

古林寺外景

林寺也就成为律宗中兴祖庭。

说到古心律师在古林寺建坛，还有与古林庵创建人宝志和尚相关联的一件事：重修大报恩寺塔时，古心律师被请到现场帮忙。维修过程中，在塔基中发现了"宝志说戒图"。图中绘出了戒坛的形式及说戒时的场景。见此，古心如获至宝，随即亲手临摹了一幅。原图后来送往鸡鸣寺供奉，不久因火灾被烧。古心手中的摹本倒成了孤本。他正是按照这个图登坛说戒的，每年春、秋各传戒一次，受戒者众。据传，登坛说戒时出现过奇观，"坛殿放光，五色彩霞直冲霄汉，众山群楼，三日不散，夜明如白昼"。古林寺的戒坛也因此就有了"天下第一戒坛"之称。以后的律宗传人，都源自古心一脉。

还有一则关于古心的民间传说，与大报恩寺塔有关。幽栖寺雪浪、洪恩法师奉旨督建大报恩寺琉璃塔。工程接近尾声时遇到了难题，塔尖构件难以安上塔顶。洪恩法师深以为虑，忽一日梦见佛祖告诉他，当优波离（亦译作"优婆离"）尊者出现后，难题就可以迎刃而解。第二天，一位右臂偏袒、赤足持杖的僧人向他走来。此僧正是古心律师。古心了解情况后，率众僧绕塔一周，行罢佛礼，手扶塔尖，只见塔尖十分"听话"地升上了塔顶。原来，传说古心因以持戒谨严著称，曾得到文殊菩萨赠送的僧服，被认为是优波离尊者转世。优波离尊者，乃释迦牟尼的十大弟子之一，有"持律第一"之称。古心律师，则以重振律宗为己任。

万历四十一年（1613年），神宗皇帝敕赐古心律师紫衣，敕赐寺额"振古香林禅寺"，以及赐"万古戒坛"匾，金香炉、锡杖等宝物。次年，古心律师被神宗皇帝请到五台山开建皇坛，传授千佛大戒。据说古心升座之际，天空瑞云结为伞盖，遮护其头顶上方，久而不散。神宗皇帝得知后，赐其金顶毗卢帽，赐号慧云律师。慧云律师三坛结束后，谢绝了

古林寺内景

神宗皇帝的挽留，返回古林寺，于万历四十三年（1615年）圆寂。神宗皇帝遂命人画出古心律师像，供奉在宫中。古心律师能有神宗皇帝这样忠实的"粉丝"，可见有何等的威望。

古林寺至清康熙四十二年（1703年）被赐名"古林律院"，又于乾隆二十四年（1759年）赐额"古林律寺"，成为当时南京城内的三大寺之一。它在咸丰三年（1853年）毁于战火，于同治年间重建，又于光绪二十六年（1900年）因后山火药库失慎遭炸毁，后再次重建。民国三十五年（1946年），寺院开始恢复春、秋两期传戒制度，并作水陆道场，只是寺院规模已大大缩水。南京解放后，随着城市建设以及道路拓宽的需要，将寺址西侧一隅改为古林公园。这是一座小巧玲珑的公园。如今走进这座公园，唯见苍树绿荫，犹闻古风佛音，深感在喧闹的城市中有这么一处清静，实在是养心怡情的好去处。

又想到古心律师的"粉丝"明神宗，曾将古心画像供奉宫中，并御笔为之题赞：

瞻其貌，知其人。

入三味，绝六尘。

昔婆离（指优婆离尊者），今古心。

由开善寺到灵谷寺

1500 年前，在钟山独龙阜玩珠峰下有一座著名的寺庙，叫开善寺。开善寺，初名开善精舍，是在南朝梁天监十四年（515 年），因宝公塔在此落成而建的。宝公塔，系天监十三年（514 年）梁武帝之女永定公主为纪念高僧宝志捐建。有关宝志塔和宝志的生平，将有专门章节作详细介绍。

开善寺，至唐乾符年间（874 ～ 879 年）改为宝志禅院，于北宋开宝三年（970 年）改名开善道场，于太平兴国五年（980 年）改名太平兴国寺，于庆历二年（1042 年）改名十方禅院，不久恢复太平兴国寺名。宋神宗熙宁年间（1068 ～ 1077 年），罢相王安石在南京闲居，将钟山中的飞流寺、崇禧万寿寺、大爱敬寺、云居寺等 70 余座寺院合并于太平兴国寺，致使其大为扩张。元泰定二年（1325 年）逢寺火伤了元气，后经元文宗图帖睦尔及住持守忠重建。明初，寺名改为蒋山寺。

明洪武九年（1376 年），明太祖朱元璋为建陵寝，选中了蒋山寺所在的独龙阜这块风水宝地。出身佛门的朱元璋，顾不上是否会动怒佛祖，旨令将该寺及宝志遗骨法函迁出。先是迁寺于紫霞湖洞前。当工程行将完成时，又以为寺与陵相距还是太近，会分"气脉"，于是他又另择地钟山东南，在那里重建寺院，赐额"灵谷禅寺"。

灵谷寺的"灵谷"由来，有几种说法。明太祖在建寺前曾游此写《游新庵记》，云："钟山之阳有谷，谷有灵泉曰八功德水。""谷"是指地形。"灵"是指有灵性的泉水，即八功德水。"八功德"者，一清、二冷、三柔、四甘、五净、六香、七不噎、八蠲疴（祛病）也。是为名。

志公祠内宝志公塑像

又据《御制大灵谷寺记》载：这里"左边以重山，右掩以峻岭，背靠穹岭，森林以摩霄汉"，乃为幽谷。加之寺院迁于此，又有了神灵，由此而名。还有一说：此地北倚钟山，每有云起，山露石纹，生成"灵"字之象；东西陵阜两面交对，二水合谋，有口字仪状，又生成"谷"字之容，是山水自命为灵谷也。清人吴云曾对此有过这样的诠释："其名灵谷者，非佛灵之灵，非邀灵之灵，乃念生灵之灵，欲诸佛慈祐于民，如呼谷谷应，若古灵台之义云耳。"

灵谷寺占地 500 亩，建筑规制仿照皇宫，由朱元璋令中军督府金事李新负责监造。这个李新善于土木工程，曾"以营孝陵，封崇山侯"，用以漕运开凿的胭脂河以及鸡鸣寺等都是他的杰作，后因受蓝玉谋反案牵连被诛杀。这当是后话了。

灵谷寺于洪武十四年（1381 年）九月十一日动工，至次年九月十五日竣工，建有山门、金刚殿、天王殿、五方殿、毗卢殿、观音殿、宝志殿等，十分宏伟。自山门至梵宫长达五里，一路松树，声如海涛，世称"灵谷深松"。建筑中，尤以供奉无量佛的无量殿最具特色。此殿高 22 米，宽 53.8 米，纵深 37.85 米，分作五楹，全部用巨砖砌成券洞穹隆顶，无一横梁，不施寸木，因此又被称作"无梁殿"。这样的无梁砖结构建筑，其规模之大、时间之早，为全国之首。灵谷寺建成后，朱元璋亲自为山门题写了"第一禅林"额，以冠天下诸方。

永乐四年（1406 年），明成祖朱棣为西藏活佛哈立麻增建大宝法王殿 99 间，以及绘有多种佛像壁画的画廊 148 间。哈立麻曾来此建斋讲经，设说法台。说法台下有一条街，街下埋设空坛，人行之，或双手交拍便有回声相应，称作琵琶街。可见当年的灵谷寺是何等风采。

灵谷寺在清顺治年间曾遭火灾，后于康熙、乾隆时重建。乾隆皇帝下江南时，为其题写了"灵谷禅寺"匾额，还做了副楹联："天香飘广陵，山气宿空廊。"

灵谷寺山门旧影

1944年的灵谷寺

有记载称：灵谷寺"殿宇如云，浮屠矗立，建筑宏大，可容千僧。清康熙、乾隆屡次南巡，均留宸翰，代有高僧驻锡，实为东南名刹"。然而，就是这样一个东南大刹，在咸丰年间被太平天国战火荡为平地，仅剩下"不施寸木"的无梁殿。至同治六年（1867年），僧德恺等着手整修。两江总督曾国藩则在寺址东部建了一座祈雨的龙神殿。

民国十七年（1928年），民国政府在寺址建北伐阵亡将士公墓，将无量殿改作祭堂。寺庙则移至龙神殿，由国民党元老于右任题"灵谷寺"额。另又新建一座高60多米的北伐阵亡将士纪念塔，称作灵谷塔。此塔虽非佛塔，但与由龙神殿改成的灵谷寺相呼应，亦为协调。此时的灵谷寺，仅与同治年间的龙神殿一般大小了。

南京解放后，灵谷寺是最早恢复佛事活动的寺庙之一。而真正使其重现活力的，则是在改革开放以后。1973年，灵谷寺从栖霞寺迎来了高僧玄奘顶骨舍利。其顶骨舍利置于一座密檐木塔中。此密檐木塔原为北京广济寺奉安佛牙之用，称作佛牙塔。灵谷寺专设了玄奘法师纪念堂供奉之。1983年，灵谷寺被国务院列为全国汉族地区重点开放寺庙。1994年，灵谷寺新建的观音阁落成，同时举行了真慈法师方丈升座仪式。这是自清咸丰年间以来首次举行的升座仪式。以后，又陆续新建、重建了藏经楼、法堂、大雄宝殿、祖堂、天王殿、图书馆、真慈法师纪念堂等。2006 年，新建的玄奘院落成。院中设大远觉堂，供奉着玄奘法师像一尊，更有奉安舍利的檀香宝塔一座。灵谷寺的寺房，由原龙神殿的 10 多间发展到了 100 余间，常住僧 20 余人。

由开善寺到灵谷寺，联想到明太祖朱元璋为自身建陵，不惜做出迁寺之举。可能他为求得心理平衡，方对新建灵谷寺又是赐寺额，又是题字，还允许殿宇建筑规制仿照皇宫。尽管如此，后人对其迁寺建陵之举仍有众多评说。有清乾隆帝第六次到灵谷寺时作的诗为证：

建陵故迁寺，儒释典俱违。
儒固有忠恕，释乃有是非。

以五百铁罗汉著称的普德寺及卧佛寺

　　普德寺和卧佛寺均于南朝梁代所建，又都以寺内供奉着有特点的佛像而著称。这两寺到了民国时期，与栖霞寺、毗卢寺并称为"金陵四大古刹"。但是此两寺现在均已不复存在，也未曾复建，知道的人已经不多。

　　卧佛寺位于水西门内牙檀巷，因佛阁上供奉卧佛像1尊，很有特色，遂被称为卧佛楼，寺名为卧佛寺。传南山宗千华十四世分支于此。此寺在宋代改称报慈廨院，至明代拓建为崇封寺，有佛经全藏。太平天国洪杨之乱，主僧炳炎焚寺以殉。同治年间，重修寺院。寺有木制戒坛，雕镂精细。戒坛两旁有木塔二，九级八面玲珑剔透。山门照墙有砖刻佛字，疑为六朝时物，故寺门楹联云："古寺犹存明季石，照墙尚有建康砖。"

　　民国时期的卧佛寺，以"腊八粥"著称。每年的农历十二月八日，称作"腊八"，民间有煮食腊八粥的风俗。寺庙也会在这一天，向信徒和市民施舍"七宝五味粥"。卧佛寺的"腊八粥"煮得特别香，远近闻名，在南京城很有影响。

卧佛寺内景旧影

　　抗战胜利后，大雄中学由重庆迁回南京，因无处落脚，将卧佛寺的千佛楼底层辟为校舍。不幸的是，学校意外失火，寺院被烧毁。所以现在很少有人知道曾有这么一座寺庙。

　　相比卧佛寺，普德寺的名气要大得多。它的所在地现在为雨花西路普德村134号，属于金陵橡胶厂的地界。旧址至今仍存大雄宝殿、无量佛殿等建筑。寺内的铁铸佛像，在1958年大炼钢铁时大多被熔毁。另遗存的两个石龟跌和一个方形石井栏，被移送雨花区文管部门保存。石井栏的三面分别镌刻

"雨""花""泉"隶书，一面则刻"梁天监二年"。雨花泉，与永宁泉、龙泉齐名，均为六朝名泉，由此可判断出寺院的历史。

普德寺在明正统年间（1436～1449年），有过一次重修，当时属于报恩寺统辖的中刹。据明《金陵梵刹志》记载："中刹普德寺，敕赐。在都门外南城地，东去所统报恩寺一里，东北去聚宝门一里半。正统间创。前后山苍翠环逼，松林茂深，时堕秀色，旁接雨花之胜。报恩寺所统。普德寺田二十五亩九分九厘，地十四亩四分九厘，山二十七亩，塘三亩八分八厘。本寺禅堂田一百六十九亩三分二厘，地二十五亩三分，山十五亩，塘十四亩九分五厘。"

清末文人甘熙在《白下琐言》中有这样的记叙：普德寺在明代重修时，资金来自太监刘瑾。当时的寺僧趋炎附势，在无量佛殿供奉了一座高6米的大铁佛，实际上是按照刘瑾的形象塑造的，又不便公开说，指为伽蓝神。刘瑾心照不宣，享受其中。这个刘瑾，可不是个省油的灯。他本名陈芜，净身入宫，投刘姓太监，改姓了刘。入东宫后，他侍奉皇太子朱厚照，"不甚识文义，徒利口耳"，擅长讨好主子。皇太子登基后，刘瑾被武宗帝宠幸，受赏巨万，升至御用监太监。然而，他阳奉阴违，权倾朝野，结党营私，常假传圣旨，又大受贿赂，无恶不作。直到他阴谋败露被抄家时，才暴露出家产丰盈。武宗帝闻之大为震惊，下令将他凌迟枭首。受其害者无不悦之，甚至争买其肉啖之。刘瑾死后，寺僧恐遭牵连，异口同声道那个超大铁佛就是伽蓝神像。据传，明天启年间，大太监魏忠贤步刘瑾后尘，也在普德寺建生祠、塑像，让香客入祀必对其塑像行五拜三稽之礼。天启七年（1627年）魏忠贤事败自缢，立于寺内的生祠、塑像亦被捣毁。

甘熙在《白下琐言》中还记述了普德寺供奉的铁罗汉像："两廊有五百罗汉像，奇形变态，无一同者，创造之工不在杭州净慈之下。"甘熙提到的"杭州净慈"，在西湖雷峰塔之南，寺院以五百罗汉及南屏晚钟著称。可见普德寺的五百罗汉像，艺术造诣颇高，且又以铁铸成，更加与众不同。据老南京人回忆，这些罗汉像大小与真人同，有立、有坐、有蹲、有卧，动静俯仰，神态各异，栩栩如生。老南京还有句俗语，叫作"普德寺罗汉数不清"。

普德寺全景旧影

普德寺自清代以来的情况，民初出版的《金陵胜迹志》有过记载："清初僧晶伊、友竹先后重修，并增建法云楼、大悲楼。雍正七年焚毁，九年重建。咸丰间毁于兵，仅存铁佛一尊及五百铁罗汉，倒卧于瓦砾间。后僧大伦结茅于斯，募建接引殿、大殿。光绪二十六年，僧婆心重修，并重建天王殿。民国六年，僧月朗重装铁罗汉及募塑四天王像。"

据说普德寺的五百铁罗汉，在清咸丰年间太平军与清兵交战时，被太平军扎上头巾、披上号衣，夜间充当活靶子，引诱"清军枪炮彻夜不息"。好在罗汉原本铁身，并未被摧毁。

抗战时期南京沦陷后，普德寺有3尊铁罗汉被侵华日军掠走，至今不知去向。日军不仅肆意毁坏寺院，还在那一带疯狂屠杀平民百姓。为纪念遇难的同胞，南京市人民政府在其遇难处立碑。其中的"南京普德寺大屠杀丛葬地"碑，立于雨花西路雨花新村。

"曹雪芹家庙"香林寺及万寿庵

香林寺，位于南京城东后宰门佛心桥 37 号，被当代红学界称作"曹雪芹家庙"，引起了社会的广泛兴趣和重视。不过，这个佛寺的情况比较复杂，关于它也有不同的说法。

一为"迁移"说。此说认为香林寺是一座南朝古刹，位于江宁湖熟的杜桂村，原名杜桂院。据《景定建康志》引《庆元志古钟记》云："梁天监中，杜、桂二卿平章朝政，舍所居以为寺，故从其姓以旌名。"当初的杜桂院仅为小刹，有"佛殿三楹，左伽蓝一楹，僧院四房"。至元代，寺院改称香林寺，又名香林院。到了明洪武元年（1368 年），香林寺从湖熟迁进城，在今址建寺，改称兴善寺。另有一说，香林寺的前身是兴善寺，始建于明初。据《同治上江两县志》记载："有兴善寺，洪武初创。"

因此，兴善寺可能就是香林寺的节点或起点。明成化十五年（1479 年），兴善寺得以重修，列为中刹，归大刹灵谷寺统辖。据《金陵梵刹志》记载：兴善寺"在太平门内北安门后东城地，洪武初年创，成化己亥年重修。

香林寺山门旧影

东去所统灵谷寺十五里。所领小刹曰观音庵。殿堂：山门一楹、天王殿三楹、正佛殿三楹、左伽蓝殿三楹、右祖师殿三楹、大悲殿三楹、藏经殿三楹、方丈六楹、僧院二房、禅堂五楹、斋堂五楹。基址十亩"。

清康熙三十八年（1699 年）康熙帝第三次南巡。他来到南京，曾游历兴善寺，见此处林木茂盛，鸟语花香，遂改其名为香林寺，并御书"觉路"二字，以匾额赐方丈。据甘熙《白下琐言》所记："寺中有四足铜方鼎，高二尺余，其色黝然如铁，传说百年来从未出灰，而灰亦不满。又有木椅高三尺余，可坐数人，整合而成，闻之有异香，传为沉香木，现已无存。大悲楼有雕梁九龙供案，是明代宫内用物；又有吴道子大士画像，金碧粲然；还有佛牙高约五寸，阔如之，其色黄，覆以香楠小塔。"另据陈诒绂《钟南淮北区域志》云："梁庆云寺佛牙流传在此。又有大藤，结成自然椅，容坐数人。"寺院于咸丰年间遭战火破坏，又于光绪十四年（1888年）重修。

民国时期，香林寺旁建陆军军官学校，寺院被军队占用。据说戴笠曾在此办过一个特务训练班。南京沦陷后，香林寺遭侵华日军洗劫，最终断了寺院的香火。民国四十四年（1945 年），香林寺小学建在寺址，寺院大殿成了音乐教室和小礼堂。南京解放后，寺址被南京市第二轻工业局职工中等专业学校和技工学校使用。寺院现存大殿 1 座，古银杏树 3 株，碑刻若干方等。1992 年，寺址被列为市级文物保护单位。

香林寺内景旧影

那么，香林寺何以被红学界指为"曹雪芹家庙"呢？其依据是嘉庆三年（1798 年）立于寺中的"香林寺庙产碑"。碑记："前织造部堂曹大人买施秣陵关田二百七十余亩、和州田地一百五十余亩。"所谓织造部堂曹大人，据红学家考证，乃为曹雪芹的祖父、时任江宁织造的曹寅。他曾陪同康熙帝造访兴善寺，深明帝意，于是一次施舍 420 多亩香火田给香林寺，使得寺院香客簇拥，香火兴旺。自此，曹寅成了香林寺最大的施主，也就有了"家庙"之说。

红学界专家还将香林寺与《红楼梦》中的情节相联系，加以分析。曹雪芹在《红楼梦》第十五回"熙凤贪财不信因果，鲸卿求欢无视佛门"中写道："这铁槛寺，原是荣宁二公当日修造的，现今还是有香火地亩布施，以备族中老了人口，在此便宜寄放。"红学家认为，铁槛寺的原型应该就是香林寺。此章回又写："原来这馒头庵就是水月庵，因他庙里做的馒头好，就起了这个混号，离铁槛寺不远。"在《同治上江两县志》中查找，江宁织造署"往北"确有一个水月庵，在太平桥南，早毁。此外，从曹寅在康熙五十年（1711年）七月初四写的奏折中，也找到了有关信息："菩提子，织造局内所种四粒，已出一颗，枝杈叶色相同，惟叶下有刺，少异于众。万寿庵和水月庵所种，亦俱于六月内各出一颗。"由此可见，确有水月庵，而且与万寿庵均为曹府的家庙。曹寅后来被抄家，继任织造隋赫德还连带查抄了万寿庵，抄出曹寅寄存在庵里的镀金狮子一对。

这里就要说到万寿庵了。庵址是在1991年发现并论定的，位于中山东路291号的南京胶木电器厂内院，与江宁织造署的距离很近。此庵始建于康熙四十七年（1708年），光绪十三年（1877年）重修时改庵为寺。

中山东路上的万寿庵旧影

寺院原有三进殿堂。民国十七年（1928 年）开筑中山东路时，其一、二进建筑被拆，只保留了第三进正殿，紧挨着中山东路的大马路。寺门上原有"古万寿禅寺"五字石刻匾额，后在此办厂时被拆除。以后又在寺址发现光绪十三年所制"万寿禅寺"四字石刻旧额，进一步证实了该处正是万寿庵旧址。

香林寺及万寿庵虽然已不复存在，但留下的遗迹和资料对审视佛寺文化，尤其对研究曹雪芹家世及巨著《红楼梦》，具有很高的史料价值。

溧水无想山无想寺

"溧水第一胜境"，乃是距今溧水城区之南 7.5 公里处的无想山。在山峦起伏、苍松翠竹、流泉飞瀑之中，有一处幽深的山谷。谷的北坡原有一座六朝古刹，名无想寺。"山名无想寺因之，寺抱山中境实奇"。山、寺均"无想"也。

"无想"，取自佛典色界四禅十八天中的无想天。无想即是无念。禅宗六祖慧能在《坛经》提出了"立无念为宗"。他认为无念不是百物不思，而是远离烦恼之妄想，体证宇宙本体之"真如"。这是禅宗众生修行成佛的根本途径。

古老的无想寺，在唐武德年间有过重建，名无想禅院。北宋治平年间改称禅寂寺。南宋咸淳年间，僧道甄复兴大刹，邑人赵参政请与朝，改赐名禅寂禅寺。"禅寂"，亦可理解为"无想"。禅，梵语，意译作静虑。禅寂者，思虑寂静也。据此，禅寂寺也好，无想寺也好，具有相同的含意。值得一提的是，明代高僧古心曾在无想寺接受佛教教义。古心本是溧水人，少时在栖霞寺剃度为僧，后到山西五台山研习律学，于明万历年间回到南京驻锡古林寺，成为南山律宗中兴始祖。明清时，禅寂禅寺复名为无想禅寺。旧有大殿五间，还有山门、僧舍、石观音阁等建筑，后历经沧桑，荒废殆尽。

千百年来，无想寺给后人留下了许多文物古迹：寺西有南唐韩熙载读书台；寺东有宋代高僧甄公的藏骨石塔；寺后有元代所建招云亭、明代所建的石观音阁、环翠阁、风泉亭等。寺后观音岩瀑布处至今还留有石观音洞及三处篆体的摩崖石刻。瀑布左侧的石刻为横书"风泉"，为明代溧水知县王从善题刻。"风泉"者，瀑布也。瀑布西南处有一石卓然而立，石上竖镌"丹鼎"二字。"丹鼎"者，意指此石天然宝鼎也。瀑布东南侧又有约一人高之石，竖刻"汗尊铭"并正文共 29 字。"汗尊"，是将大山比作酒杯。不言而喻，"风泉"乃为佳酿了。三处石刻，呈三足鼎立之势，颇具观赏性，也有一定的文物价值。

现代重建的溧水无想寺

而今，从无想寺旧址的废基及残留的建筑物构件上，仍可以想象寺院当年的规模。尤其是寺院所处的自然环境特别优越。其前有空谷作广场，后有大山为屏障，气度恢宏。寺后山顶上的凤泉经观音岩直泻而下，形成瀑布，沿山溪曲折而下，流向山塘、水库，在春夏多雨季节蔚为奇观。南唐韩熙载有《赠寺僧诗》云：

　　无想景幽远，山屏四面开。
　　凭师领鹤去，待我挂冠来。
　　药为依时采，松宜绕舍栽。
　　林泉自多兴，不是效刘雷。

无想山好山好水，山名又颇具禅意，山上还隐有这样一座寺院，因此自古以来吸引了无数文人雅士到此游历，留下众多诗词。最著名的为北宋词人周邦彦的词作《满庭芳·夏日溧水无想山作》。他被贬任溧水知县期间，曾多次访问无想山及寺，有感而发：

　　风老莺雏，雨肥梅子，午阴嘉树清圆。地卑山近，衣润费炉烟。
人静乌鸢自乐，小桥外，新绿溅溅。凭栏久，黄芦苦竹，疑泛九江船。
　　年年，如社燕，漂流瀚海，来寄修椽。且莫思身外，长近尊前。
憔悴江南倦客，不堪听，急管繁弦。歌筵畔，先安簟枕，容我醉时眠。

明末清初的学者周亮工也写有《从山后倒入无想寺与僧惺悟》一诗：

现代重建的无想寺内景

阴森栝柏迷无路，倒听钟鸣有佛场。

欲踏高岩看石臼，休扪古碣话萧梁。

敝庐响滴千山雨，破衲新缝九月霜。

莫指寒花留客宿，暮云哀壑易心伤！

时过境迁。1992 年，溧水县另择新址启动了无想禅寺复建工程，具体位置在无想山的入山口。现已建成大雄宝殿、僧舍、斋堂等 20 余间。此外，在无想寺的旧址，溧水区（原溧水县）也有意兴建以佛寺为主题的项目。

山水胜境之龙泉寺

玄素禅师像

龙泉寺，位于将军山与韩府山会接的山谷中，始建于唐代，因"有泉出石窦间"而名。据《金陵梵刹志》载："北去聚宝门三十五里，旧名龙泉寺，唐鹤林素禅师说法处。"

鹤林素禅师，即牛头宗大师玄素。玄素（668～752年），俗姓马，字道清，俗称马素，润州延陵（今江苏丹阳西南）人。他于如意元年（692年）在江宁长寿寺出家，潜心钻研佛学，得禅宗心法，主佛性平等，贤愚一致，并发愿普度众生，颇受世人尊崇。他在晚年入幽栖寺，谒牛头宗五世智威禅师，叩求禅法，后大振牛头宗风，终成一代大师，卒谥"大律禅师"。

相传唐大历年间（766～779年），玄素游历于将军山、韩府山两山之山谷间，慧眼独具，以为山水胜地，乃结庐为庵，设坛说法，驰名远近。龙泉寺至今仍有两处与鹤林素禅师有关的遗迹：一为"鹤林问贤"，位于寺前百余米处，与涤尘亭隔溪相望，有唐鹤林素禅师墓塔；一为"古拙灵梅"，即寺前有蜡梅，相传是鹤林素禅师手植。梅之主干于禅师圆寂日枯死。后旁生新枝，寺兴则枝繁叶茂，花香浓郁；寺衰则枝枯花残，落叶飘零。

唐代以后，龙泉寺一带沦为战场，佛香断绝，殿宇凄凉。南宋高宗建炎四年（1130年），金兵南侵，抗金名将岳飞率军在牛首山、韩府山一带修筑军事工事，阻击金兵，演绎了"岳飞大战牛首山"的经典战役。岳飞手下有一员大将，作战时被金兵砍断了臂膀，曾藏身在龙泉寺旁的断崖下养伤。此断崖状如佛龛，后人敬重将士抗金的民族精神，遂称之为断臂崖。今人去龙泉寺，仍可觅得"断臂危崖"之景观。

明代，龙泉寺由寺僧镜中重修，改称通善寺。明正统九年（1444年）

大学士杨溥撰《通善寺碑碑文》，记载了龙泉寺的由来及重建始末："南京都城西南二十里，旧有佛刹曰龙泉禅寺，据山水之胜，左有磐陀石，右有鹤林塔，东有牛首山，西南瞰扬子江，东南有祖堂。江山环抱，密迩京都，金城玉垒，天日下临。山之巅有泉，清甘香洌，下注山麓，汇而为池，淳潆澄沏，天光云影，襄徊往来，足以豁大观、涤世虑而曹溪竹林不是过也。肇自唐，鹤林素禅师说法于此，有泉出石窦间，因号曰龙泉，建丛林以奉香火。暨今五百余年，鞠为草莽区。永乐（1403 ~ 1424年）中，镜中圆祥师募缘众信，自宣德癸丑（1433年）春兴工建正殿及天王殿，翼以廊庑，以至禅室，告成于正统癸亥（1443年）秋。以其事上闻，赐额通善寺。"

　　清乾隆皇帝下江南，曾来龙泉寺一游。其后寺渐倾颓。嘉庆六年（1801年），居士李仕云捐资重修，复称龙泉寺，并立碑为证，其碑尚存。宣统三年（1911年），寺僧如海募款重修庙堂3间，并截取断臂崖一角，凿观音洞。洞内置浮雕观音像，以及石工马标所刻的开凿观音洞记事碑。此处为每年阴历二月十九、六月十九、九月十九举行观音圣会之场所。民国二十六年（1937年），国民党元老邹鲁在寺内隐居，在观音洞内立《龙泉杂诗》诗碑。诗为五言律体，共5个自然段。录其一段：

龙泉寺山门旧影

山有望月亭，亭址不可求。
山有断臂崖，名以宋僧悠。
山小无志书，阁者碑仅存。
古来争战地，遗垒存山头。
莫谓山濯濯，小松生已周。
待着成林后，苍翠接天浮。

　　1995 年，龙泉寺重新修复开放，建有天王殿、大雄宝殿、放生池等。
游人到龙泉寺进香，除了游玩"古拙灵梅""鹤林问贤""断臂危崖""观
音佛窟"等古迹外，还可观赏"幽径陶然""望云风高""回龙深涧""龙
泉甘饮""神龟出岫""抗金故垒""石瀑奔流""紫气罩峦"等众多景观。
值得一提的是，现在的龙泉寺花事特别旺盛。这当是古刹新生、国泰民
安的瑞兆。

六合灵岩山灵岩寺

灵岩寺，位于今南京市六合区雄州镇以东 5 公里处的灵岩山上。

灵岩山，海拔 170 米，周十九里，为远古火山口，山体由玄武岩构成，因"山无锐峰，岩峦层耸，四面如一，岩际常有灵瑞"而得名，自古便有六合第一名山之誉。"灵岩积雪"乃六合八景之一。

灵岩山是雨花石的主要产地。据旧志载，其间石卵充斥，沙砾陈杂。大雨后在水中、石间常可觅得五彩纹石，玉质天章，五彩斑斓。石纹多作云霞、星日、动物、花树等状，自然幻化，奇妙天成。雨花石也因此名扬海内外，成为南京的标志物之一。

灵岩山上名胜古迹众多。偃月崖、磨盘石、仙人洞、龙斗涧、鹿跑泉、白龙池等自然景观，不仅风景奇绝，且皆有神话故事流传于民间。据《六合县志》载，作为灵岩寺的延伸，山之巅曾建有七级浮屠一座。究其缘

六合灵岩寺

由在于古人信风水，认为六合之所以科举人才屈指可数，原因就在于灵岩山"顶无锐锋"，故而在山顶建了一座塔，名曰"文峰塔"，即意在期望六合多出人才。此塔已于光绪二十七年（1901 年）五月，因年久失修而坍塌。目前六合有关部门正积极着手重建该塔。

灵岩寺建在灵岩山的半山腰，故又俗称半山寺。据《六合县志》记载："唐咸通中，神建禅师受法于四祖，有逢岩即止之语，遂建道场于此岩下，为法义禅院"。当时寺院颇具规模，被当地人称之为"九十九间半"。相传建寺之初，仅几间茅屋而已。因香火日盛，众僧拟重修庙宇，无奈缺少木料。此时，有一云游和尚前来挂单。他在一次进斋饭时忽而晕倒，得了怪病。寺院不惜将建筑停下来，省下银子为他治病。不想，他病愈后不辞而别。没几日，一寺僧在寺井取水时，井中冒出了木料，而且一根接一根地冒出来，直到足以建九十九间半的房子为止。这当然只是个传说。而那口唐代的古井，如今倒还遗存在寺院中，见证着寺院的历史。

据此算来，灵岩寺已经历了 1140 多年的沧桑，因此在佛界一直有着较大的影响力。众多文人墨客亦不吝赞美之辞，留下诸多诗篇佳句。这里仅录唐代诗人戴叔伦《宿灵岩寺》诗一首，以赏之：

重建的灵岩寺

马疲盘道峻，投宿入招提。

雨急山溪涨，云迷岭村低。

凉风来殿角，赤日下天西。

偃服虚岩外，林空鸟恣啼。

灵岩寺自建寺以来，饱经沧桑，且兴且衰，终在抗战期间毁于侵华日军的炮火之下。2002 年 5 月，六合县撤县建区，欣逢盛世，百业待兴。次年初，灵岩禅寺复建工程得以启动，并聘请九华山高僧慧深法师任住持。寺庙占地面积约 3000 平方米，先后建有观音阁、大雄宝殿、钟楼、鼓楼、山门、围墙、方丈寮以及井亭等。2006 年 11 月，其观音阁举行了观音造像开光典礼。此观音造像一体三面，总高 11.38 米，堪称江北之最。观音的三面像，正面为观音手持佛珠，代表如意吉祥；朝南面为观音手捧婴儿，誉为送子观音；朝北面为观音手捧净瓶，愿天下大众永葆平安。

而今的灵岩禅寺，隐于灵岩山间，依山势，伴神兽，呈现出"数里入江路，千峰趋寺门，此中堪自适，钟磬尽朝昏"之境界。

法眼宗祖庭清凉寺

文益禅师

清凉寺，位于城西石头山上，初名先才寺，始建于唐中和四年（884年）。杨吴顺义元年（921年），权臣徐温将其扩建，称兴教寺。南唐昇元元年（937年），烈祖李昇在此避暑纳凉，改其名为石头清凉禅寺。法眼宗创始人文益被李昇请来寺院传法，使得这座佛寺一举成为法眼宗祖庭。石头山后亦随之改称清凉山。

石头山，本是南京的"虎踞"，位于长江之畔，为"扼江控淮"的军事要塞。相传三国时，诸葛亮出使东吴，与孙权登石头山，观山川形势而叹曰："钟阜龙蟠，石城虎踞，真帝王之宅也。"随着长江的西移，石头山逐渐失去战事要塞的功能，开始向"文化山"转型。"石头清凉"即为典型。

当时之所以名"石头清凉禅寺"，是要有别于幕府山清凉寺。唐代诗人唐彦谦《过清凉寺王导墓下》一诗对幕府山清凉寺做过描述，称之已有"古殿长廊"。而清凉山因文益法师的驻锡，名气远超幕府山，成为一座佛教名山。

文益（885～958年），俗姓鲁，余杭（今浙江杭州）人，法眼宗创始人。他7岁在新定（今淳安县西）智通院随全伟禅师出家，20岁在越州（今浙江绍兴）开元寺受戒，后在鄞山（今浙江鄞州）阿育王寺从希觉律师学习律宗教义，不仅对大乘佛教的各个宗派能融会贯通，而且对儒家经籍典藏也多有涉猎，被誉为佛门的子游、子夏。此后，他云游四方，曾参谒长庆禅师、宣法大师，又赴漳州罗汉寺向桂琛禅师学禅，在桂琛点化下觉悟佛法，终成一代宗师。他还擅长以诗作偈，被誉为诗僧。他的主要著作有《宗门十规论》，以及后人所辑《大法眼文益禅师语录》。他在《宗门十规论》中，指出了当时禅宗的十种弊病，加以戒饬，并提出"明

清凉寺鸟瞰

事不二，贵在圆融"和"不著他求，尽由心造"的主张。他所创立的法眼宗，以"三界为心，万法为识，唯识唯心"为纲，成为佛教禅宗"五家"之一。其禅风为"先利济"，即按照各人的根基分别施以教化。有人形象地将此比喻为"对病施药，相身裁缝，随其器量，扫除情解"，有类于孔子的因材施教。他门下的弟子众多，问学者千人以上。他所创立的法眼宗在宋代初很是盛传，流布甚广，至宋代中叶渐衰微。高丽国王曾派36名僧人到中国来学习法眼宗，将其带到朝鲜半岛传播，后又传入日本。直至民国时期，仍有日韩信徒来清凉山礼佛。

回头来说，文益禅师被烈祖李昪请至江宁（南京）传法，被赐号"净慧禅师"，又因驻锡清凉山，有"清凉文益"之称。中主李璟在他圆寂后，谥其为"法眼大禅师"，后追谥为"大智藏大导师"。后主李煜即位后，又为其立碑颂德，并请韩熙载撰写塔铭。他接连受到南唐三主的追崇，可见其地位之高。

文益禅师在清凉寺住持时，还有过这么一则趣闻，收入其"语录"《指月录》中：有一次，文益禅师问众僧："虎项下金铃，何人解得？"没有人能答得上来。正好有一位叫泰钦的和尚走过来。泰钦和尚性格豪爽，不拘小节，平日里大家都瞧不起他，唯文益很看重他。文益便向他提问。他随口回答："系者解得。"文益听后很满意，告诫大家不要再小看人家了。这也造就了一个成语——解铃还须系铃人。

南唐时期，清凉山不仅与佛教结缘，也一直是南唐三主的避暑山庄。尤其是后主李煜，将"石头清凉"改名"清凉"大道场，并在山上建设了避暑宫。此时，南唐已经成北宋王朝的属国。李煜把希望寄托于佛的庇佑，常在清凉大道场虔诚礼佛，留下了"未尝归去宿龙宫"的诗句。李煜虽在政治上昏庸，治国无能，却擅长词作，有"千古词帝"之誉。他的一生可谓是"做个词人真绝代，可怜不幸做君王"。清凉山因是法眼宗祖庭，更有词作大家李煜的遗迹，成为后世文人的怀古之地。王安石、林和靖、苏东坡、陆游、萨都剌、吴敬梓等历代名人均曾来此探访，留下众多诗文，使之又成为一座文化名山。宋人王潜斋诗云："谁知佛祖安禅地，曾是君王避暑宫"。民国地方志专家卢前还在《冶城话旧》中提出过一个设想，希望在清凉山翠微亭旧址募建一座"词皇阁"，以纪念"千古词令第一人"李煜。

清凉寺山门旧影

北宋太平兴国五年（980年），幕府山清凉寺迁并于清凉山，名清凉广惠寺。崇宁年间（1102～1106年），黄龙僧慧洪住持寺院，提倡文字禅。明建文四年（1402年），周王朱橚将其重建，改额"清凉陟寺"，为中刹。清代，其寺以"清凉问佛"，收入《金陵四十八景》之中。咸丰年间，寺院大部被毁，仅剩一进房屋。同治年间，寺院得以重建，规模局促，全无旧时气象。新中国成立后，寺院废，纳入清凉山公园。尽管寺院已不存，但寺院中的一口古井犹在。此井名南唐义井，俗称保大井。井栏上有僧广慧刻字纪年。传说寺僧因常饮此井之水，虽老须发不白，故又称还阳井、还阳泉。据《白下琐言》记载，南京城中人烟稠密，饮水井不可胜计，其中最深的要数清凉寺旁的保大井。井上建有小亭。汲井水需用辘轳转运。井绳长达二十余丈。

2009年，清凉寺在清凉山公园内恢复开放。如今公园内除了有扫叶楼、崇正书院等传统建筑外，又新设了魏紫熙纪念馆、李剑晨纪念馆等文化项目，使这座文化名山得以传承。重修清凉寺，无疑为公园增添了灵气。回首"清凉问佛"，录北宋苏轼《赠清凉寺和长老》诗一首共品：

代北初辞没马尘，江南来见卧云人。
问禅不契前三语，施佛空留丈六身。
老去山林徒梦想，雨余钟鼓自清新。
会须一洗黄茅瘴，未用深藏白氎巾。

舍相宅为寺的半山寺

王安石

半山寺，位于南京城东北角城墙根下，现在的海军指挥学院内，因其地现在是军事重地，游人不得涉足，显得有点神秘。半山寺原为北宋宰相王安石罢官后隐居的住宅。因其宅所在的白塘，处于城东门与钟山各七里的半道上，取名半山园。后来他舍宅为寺。宋神宗敕赐寺名"报宁禅寺"，并亲书匾额。民间仍称之为半山寺。

王安石（1021～1086年），江西临川（今抚州）人，字介甫，晚年自号半山，封荆国公，死后谥文公，世称王荆公、王文公，是北宋著名的政治家、文学家。他于景祐四年（1037年）随父迁居江宁（今南京），于庆历二年（1042年）中进士，入仕途。他曾三任江宁知府，两任宰相。由于他在宰相任上大刀阔斧实行改革，推行变法，遭到保守派的激烈反对和排挤，致使改革受阻。他退出官场后置半山园，过起了隐居生活。

王安石先后居南京20余年，对这片故土怀有深厚的感情。他尤喜游钟山，经常骑驴行于山中，留下《游钟山》诗多首。其一吟："终日看山不厌山，买山终待老人间。山花落尽山常在，山水空流山自闲。"他以读书、赋诗为乐。据《清虚杂著》载：王安石"随行未尝无书，或乘而诵之，或憩而诵之。"钟山下定林寺旧址，有王安石读书处。他在那里创定林庵，写下关于定林寺的诗篇凡17首。他的半山园东侧有一山阜，名谢公墩，是东晋谢安之侄谢玄（封康乐公）故居旧址。他营造宅园时，在墩上筑起一亭，名半山亭，并咏《谢公墩二首》。其一诗云："我名公字偶相同，我屋公墩在眼中。公去我来墩属我，不应墩姓尚随公。"《苕溪渔隐丛话》称此诗为"争墩名"，后人趣称为"争墩诗"。

半山寺旧影

　　王安石舍宅为寺后，在城南租赁了一所独院小屋，归居于魂牵梦绕
的秦淮河畔，往返于桃叶渡口至乌衣巷陌之间。元祐元年（1086 年），
因司马光当政，尽废新法，他忧愤病死，葬半山寺后。至明洪武初年，
因墓地对修筑皇城有碍，其后裔遂将其坟茔迁回临川灵谷峰东后月塘村，
另一说是迁葬江宁的麒麟门。

　　半山寺因明初修筑城墙，将其包入城内，由于接近皇城而成为禁区，
渐废圮。清道光十六年（1836 年），两江总督陶澍等重建寺院和方亭，
咸丰三年（1853 年）又毁于兵火，至同治九年（1870 年）复建，宣统年
间两江总督端方再次加以修葺。民国时期寺废，改为半山园小学。

　　新中国成立后，半山寺旧址划归海军指挥学院。其建筑曾先后有过
三次修葺，于 1982 年被列为市级文物保护单位。现存有宅院、半山亭等
建筑。在半山亭亭基的侧面镶嵌有石碑二块。其一为同治九年修复半山
亭时所立《重修半山亭记》碑；其二为道光十六年（1836 年）无题记事
小碑。此外，还有 1984 年海军指挥学院修复半山园的记事碑，镶于西院
门厅的侧墙。

"迨有神护者"之惠济寺

惠济寺，位于今南京市浦口区汤泉镇，始建于南唐，原称汤泉禅院。韩熙载曾为"汤泉禅院之碑"撰文，文中有"迨有神护者"等文字。北宋初，易名为惠济院。熙宁年间，漳南道人昭庆来此隐居。元祐初，僧人忠境改院为寺，建转轮藏殿，以银函葬佛舍利供奉殿中。明洪武年间，因寺地处温泉故里改称香泉寺。清道光十四年（1834年），邑人毛麟、苏北奎在寺内创立英华书院。寺院在咸丰年间毁于战火，又于光绪年间复建数楹，后逐荒芜。1987年，有九华山僧人在此建大殿及僧房，使其香火重续。

"沸玉喷珠水一方，温柔人合老仙乡。硫香不数华清滑，道是萧梁太子汤。"前面说过，惠济寺的位置是在温泉之乡汤泉镇，为此有过汤泉禅院、香泉寺的名称。其实，这里建院或寺之前，便是南朝梁昭明太子读书处。惠济寺有赖于"沸玉喷珠水一方"的自然环境，而"道是萧梁太子汤"则揭开了这里的人文历史。

自汤泉禅院建立以来，不乏文人雅士光顾。尤其是北宋时期，高官孙觉休官后隐居在这里，盖了座寄老茅庵定居下来。他的女婿秦少游是个风流才子，常呼朋引伴来到汤泉。寄老茅庵一时成了文人咏叹集会的会馆。秦少游在此游历写有"记"，并"得诗三十首，赋一篇"，赞泉"其色深碧，沸白，香气袭人，爬骚委顿之病，浴之即愈"。苏东坡在秦少游《游汤泉记》的跋中，则称惠济之泉"为高人逸才与世异趣之所乐"，而谓骊山之泉"受明皇所累，杨立禄山之污"。王安石也曾游览汤泉，乘兴作五言诗《题汤泉壁》，诗曰："寒泉诗所咏，独此沸如蒸。一气无冬夏，诸阳有废兴。人游不附火，虫出亦疑冰。更忆骊山下，歊然雪满塍。"

明清时，寺院及其周边自然人文景观形成"汤泉八景"，驰名天下。此乃龙洞观云、凤山积雪、千佛晚照、惠济晓钟、温泉吐雾、石坝飞涛、尚书故宅、寄老茅庵。相传，明太祖朱元璋也曾御驾亲游汤泉。因"汤"

惠济寺古银杏

有"烫（汤）猪（朱）"之嫌，为避讳将汤泉改为了香泉，寺院也随之
改称香泉寺。邑令余枢在游记里称温泉的溪水"潺潺有声，涧旁多松竹
梅柳之属"，"一轮斜日如嵌竹表，干红万翠，若为此庵独有者，他处
未之见也"。据清乾隆十九年（1754 年）修寺碑文记载："寺去镇里许，
山环水绕，树木苍秀。颇称幽邃……则为一方之胜。"

　　惠济寺除得温泉之灵气外，还有寺院内的三株古银杏。三株中位居
其首的，是偏居寺东南一隅的"参天覆地"，高约 30 米，胸围近 8 米，
桠枝分批，支干盘曲。其高大的圆形树冠，似华盖，似绿云，似遮天巨伞，
浓荫覆地半亩有余。由此北行 40 米的一株银杏，则为树型奇特的"乳瘿
倒悬"。此树之主、支干的交接处，有"状如巨笋，皮如青石"的气生
根七枝。气根上粗下细，长短不一，颇似钟乳石。最长者达 2.5 米，根部
直径 0.35 米。树上常见片片红布飘荡。那是求子心切的妇人，在夜半时
分来此抱一下树身，再跪拜祈祷的信物。由"乳瘿倒悬"西折 30 米的第
三株银杏，有"一线天"奇观。树之主干如斧劈刀削，立于树下，从凹
进的树心部分仰望上去，透过 20 多米高的树心孔隙，可见蓝天一方，白
云一朵。这三株古银杏，既为寺院沧桑岁月的忠实记录者，也是"迨有
神护者"的最好的印证。

　　曾出任江浦县副县长的当代草圣林散之曾撰有《古银杏行》一文，

清石质"英华书院"匾额

镌刻于碑，立惠济寺前。碑文凡五百二十一字，气势恢宏，字态奇逸。碑文云："星移世界人物换，独余老木煦生意。"抒发了他对古银杏的勃发美姿，以及历朝兴衰的无限感慨。

惠济寺虽已在清晚期败落，但留有众多的人文遗物：南唐韩熙载撰文碑残件（已断为数块，收集到大半）；覆盆式雕花柱础三个，雕有缠枝牡丹、葡萄、莲花等，应为晚唐之物；覆盆式素面柱础六个，系宋代遗物；青石质"英华书院"匾额一方，以及清代修寺之碑等。如今，浦口区已将古惠济寺旧址辟为公园，围绕寺院和古银杏广植草木，陈设古物件，新增人物雕塑等园林人文小品，致使这一风水宝地愈显"神护"之灵。

花山玉泉寺和游子山真如寺

　　南京市高淳区（原高淳县）的民间历来口传地方上有"四宝"：四方宝塔、一字街、倒栽柏树、白牡丹。其中的四方宝塔、白牡丹均与佛寺有关。四方宝塔指的是高淳县城的保圣寺塔。白牡丹则与花山的玉泉寺有关。

　　玉泉寺，据《高淳县志》载"始建于宋时"。又载："寺后山崖石缝中，明清时曾生长白牡丹，名闻遐迩，实为奇景。"相传，宋时有高僧集徒于花山，专门看护白牡丹。为此，在山间修了一座寺庙。有"峻岭盘旋，飞泉清冽，久旱不枯"的泉水经寺院穿过，叮咚不息，清澈如玉，因此得名玉泉寺。另有一说，寺院早在宋以前就已经有了。相传五代时，有白衣居士罗隐来到花山，观其山门，朝向东南，前有五峰连绵迭起，形似"五虎卧地"，不由吟道："地肖只狮含暖气，峰成五虎卧寒烟。风扫地，月当灯，藏风聚气常旺僧。"

　　玉泉寺起初虽仅一二大殿、几间僧房，然殿后山顶立观花坛、观花亭，山下有南北花园，以花多泉盛、清静安逸而扬名甚广。每逢春暖花开，游寺赏花者蜂拥，香客熙攘，梵音缭绕。

　　玉泉寺历经沧桑，屡毁屡兴。有资料表明，明崇祯年间（1628～1644年）住持僧单锡增建殿堂两进。清康熙、乾隆时，寺僧相继开垦种植，增田400余亩，还建造了僧房20余间。清咸丰年间，寺院连同牡丹全部毁于兵火。民国八年（1919年），地方士绅集资重修了玉泉寺。山门镌刻"玉泉古寺"横额。其两侧楹联书"玉磬金钟敲佛地，泉声松韵锁禅门"，是出于地方名士胡齐佳之手。寺内西厢房墙壁上存有清康熙五十四年（1715年）《观世音装金碑记》。

　　1995年至2001年，玉泉寺将原有的五楹大殿、两幢厢房等民国建筑进行了修缮，并整理了寺院园林景观。这也是高淳迄今唯一保存下来的古佛寺老建筑，被列为市级文物保护单位。

　　而今拜访花山玉泉寺，会被山间古寺的悠然所心迷，似给人一种空

花山玉泉寺门联

灵抚慰之感。

　　高淳第一山不是花山，而是位于漆桥镇南3公里处的游子山。游子山，相传春秋时孔子到此一游，故名。另有古人考证，山名缘于山凹间有水流下泻，流淌之声类似春秋时的"大游曲"，方称游子山。高淳人有句老话：看不见游子山头，就会淌眼泪。也就是说，游子山是满载着在外飘零的高淳人乡愁的一座山。

　　1997年，游子山下兴建了一座寺院，聘请九华山高僧慧深法师主持，名真如禅寺，由中国佛教协会原会长赵朴初题写了寺额。此寺的前身，可追溯到始建于明万历十八年（1590年）的真武庙，它是一座佛、道合一的寺庙。庙堂初为三进两厢，近30间房。殿堂内供奉佛、道诸神，有韦驮、地藏、观音、真武大帝、十大元帅、十八罗汉等神像，佛、道诸神共居一庙，晨钟暮鼓，香火旺盛，相安无事。至明崇祯八年（1635年），僧德明曾为寺庙募置祀田。清咸丰年间，庙宇被毁。光绪末年，住持僧觉朗募资重修大殿。抗日战争时期，庙宇再次被毁。民国三十五年（1946年），住持悟真多方奔走，募化重建，后仅存僧房6间，并逐渐荒废。

　　如今重建的真如禅寺，有大雄宝殿、圆通殿、玉佛殿、僧寮、斋堂等。先行建成的大雄宝殿，重檐歇山式，五间三进。前有轩廊，廊柱为石雕蟠龙，上下以石雕莲花承托。殿内正中供奉三尊大佛，中为释迦牟尼佛，左为药师佛，右为阿弥陀佛。三尊大佛背后为"海岛观音"：观音菩萨独立鳌头，手持净瓶，左有善财，右有龙女，四周"海岛"上共有112尊圣像，神韵俨然。大殿东、西两侧为十八罗汉，整体石雕而成，姿态各异，栩栩如生。值得一提的是，在山门内的广场上，立一尊高21米的阿弥陀佛像，佛像是由135个石构件组合而成，重逾千吨，堪称金陵石佛之最。

　　2013年，游子山的山顶又新增两座庙宇。一为文圣殿，为纪念孔子在游子山讲学而建。一为真武殿，供奉真武大帝神像。回想400多年前游子山始建的真武庙，原本就是佛、道合一的寺庙。而今，山下复建了

花山玉泉寺

真如禅寺，山上又兴建了真武殿及文圣殿，可谓是对游子山历史文化遗存的全面恢复。

游子山现已被批准为国家级森林公园，并在按休闲旅游区的规划目标开展建设。山下和山上的佛、道教文化无疑为这个新兴的休闲旅游区增添了浓厚的人文色彩。

从大龙翔集庆寺到天界寺

元代的集庆（南京）新建佛寺为数寥寥，大龙翔集庆寺是其中的代表，而且具有皇家的背景。这是元文宗图帖睦尔于天历元年（1328年）登基后做的一件事：诏江南诸道行御史大夫阿思兰海牙，将他位于集庆闪驾桥北（今张府园一带）的潜邸改建为寺。

元文宗，名图帖睦尔，系元武宗的次子，于泰定二年（1325年）出居集庆，以行枢密院按察司、廉访司、财赋司公廨为府邸，后称潜邸。他在集庆三年，常"于暇日登钟山而观之，见其江山之萦回，林艺之广茂，民庶之熙洽，慨然兴叹"。他崇信佛教，常游秦淮河，到寺庙求神消灾赐福，取悦百姓。他登基的第一年，就想到要将自己的潜邸改建为佛寺，并派遣工部尚书王士弘往集庆督办改建事宜。为拓宽其地，朝廷出资买下民居之地，并购买了工程材料。工程所用人员均为雇佣民工，而非役工。同时，朝廷诏杭州中天竺住持大诉禅师主寺事，授其为太中大夫，并赐肥沃官田50公顷，作为寺庙永久产业。

大龙翔集庆寺依照宫殿图样仿建，于至顺元年（1330年）建成。其规模宏伟，布局严谨，冠绝众寺，成为元末集庆之首刹。寺内山门、碑亭、钟楼、佛塔等建筑俱全，主要殿堂有大觉殿、天王殿、大悲殿、禅宗海会堂、传法正宗堂等。据明《金陵琐事》云："裕民坊街心白塔（指民间俗称的大香炉），香火颇盛，俗传太祖活埋张士诚一骁将于下，因建白塔以镇之。此说非也，乃龙翔寺前旧塔耳。"

天界寺

大龙翔集庆寺，于至正十七年（1357年）改名大天界寺。另一说，是在建立明朝后，于洪武元年（1368年）改名的。明太祖朱元璋在大天界寺设善世院。此为统管全国佛教的机构。

明洪武十五年（1382年），寺名改为善世院，内设僧录司，总辖天下僧尼。寺内高僧云集，每升座说法，上至帝王将相，下至文人俗众，闻风奔赴，盛况空前。当时的大天界寺，以"栋宇之丽甲天下"，以"举行百丈清规为东南之楷"而名扬天下。明太祖曾亲临巡视，并著有专文。僧侣、文人骚客云集，也留下了许多优美的诗篇。据《秣陵集》记载，明洪武初年修纂的《元史》，就是在大天界寺完成的。《元史》后由清乾隆钦定为二十四史之一。

可以说，大天界寺不仅是佛教圣地，也是中国传统史学文化的策源地之一。《元史》修纂者之一的高启有诗《登天界寺》，从中可领略当年大天界寺的盛况：

> 雨过帝城头，香凝佛界幽。
> 果园春乳雀，花殿舞鸣鸠。
> 万履随钟集，千灯入境流。
> 禅居客旅迹，不觉久淹留。

明洪武二十一年（1388年），张府园一带民居失火，殃及大天界寺，致使一代巨刹化为灰烬。明太祖朱元璋认为，佛刹不宜混杂于闹市民居中，下令将其迁往聚宝门外二里重建，具体位置在今雨花西路能仁里1号。新建的寺院，由内库出资，宗泐设计，历时两年建成，赐寺额"天界善世"，通常称之为天界寺。天界寺承接了旧寺设置的善世院、僧录司，以管理天下僧尼。寺内还设有律局、礼局、诰局等。

据明代《金陵梵刹志》记载，天界寺有金刚殿、天王殿、正佛殿、左观音殿、右轮藏殿、左伽蓝殿、右祖师殿、钟楼、毗卢阁、半峰亭等。它与报恩寺、灵谷寺并列为南京三大刹，并"统次大刹二，城内曰鸡鸣，郭内曰静海"；统中刹清凉寺、永庆寺、瓦官寺、鹫峰寺、承恩寺、普缘寺、吉祥寺、金陵寺、嘉善寺、普惠寺、弘济寺、接待寺12座寺院，以及26

天界寺外景旧影

座庵,为城南一方寺主。天界寺的寺内有"西庵曲径、苍翠乔松、半峰烟雨、
双桂返照、南庵碧玉、古拙品梅"六景;周围有连绵不断的山丘,诸寺拱卫,
佛殿林立,亭台楼阁,名花异草。其规制弘敞,僧庐悠邃,竹林深通,
香火旺盛,堪称"环秀拱碧""出尘之境"之仙境。明代文人王问有诗《游
牛首山与寮友宿天界寺》,写的是新建的天界寺,可与高启的《登天界寺》
相呼应:

> 看山遥在万峰西,归路亭亭江日低。
>
> 散吏自堪携伴侣,闲心犹得住招提。
>
> 经坛露净天花落,塔院清风谷鸟啼。
>
> 长习跏趺人禅寂,亦知虚幻此生迷。

明永乐二十一年(1423 年),天界寺再遭火灾,被焚烧殆尽,仅
剩下大雄宝殿。天顺二年(1458 年)僧人觉义募捐重造天王、观音、
轮藏等殿,未毕而逝,后由其弟子予以续修。据记载,明成化年间
(1465 ~ 1487),天界寺有建筑百余间。万历二十四年(1596 年),复
募修建了毗卢阁;三十年(1602 年),又修僧录司;三十五年(1607 年),

再修金刚殿及左右画廊百间，兴复公塾禅堂，增建华严阁等。重新修复的天界寺，规模不断扩大，在湖熟、溧阳、高淳、当涂等地都拥有了庙田。

清代，天界寺以"天界招提"列为《金陵四十八景》之一。咸丰年间，寺院再次毁于战火。清人焦循作诗描绘了当时的败落情景：

> 昔年展诵青邱诗，天界佛寺名乃知。
> 洪武创业造此寺，征辟名士始居之。
> 我游金陵十一次，今年始获到此地。
> 壁破犹存龙虎文，门扃疑匿狐狸魅。
> 草深觅路问村娃，老僧赤脚迎供茶。
> 小树扶疏出檐宇，满阶不见辛芨花。

天界寺虽在清同治年间有过重修，民国时期还复建了毗卢殿，并由林森书"天界寺"额，但昔日辉煌再难重现。1958年，寺址被划归南京第二化工机械厂使用。1983年，寺院遗存的一个大殿建筑被列为区级文物保护单位。2000年前后，厂方对其遗存进行了整修，还在大殿外新砌了围墙和大门，添置了假山、亭阁及水池。

居秦淮之源的东庐山观音禅寺

观音禅寺，位于溧水城东约10公里的东庐山西麓。东庐山，原名庐山，相传东汉建武元年（25年），光武帝刘秀的同学，谏议大夫、会稽名士严子陵曾在此筑庐隐居，称作庐山，又因山在溧水县城以东，后称之为东庐山。它包括狮子山、禁山、尖山、白虎山、张古山、陈山、马占山、笠帽山、庐峰等十余座山峰，南北走向，长约7.5公里，总面积12平方公里。其主峰庐峰海拔289米。观音禅寺便居于此峰。

观音禅寺的前身，一为东庐山的观音庵，一为县城分龙岗的观音寺。这一庵一寺均建于元代，距今已有700多年的历史了。东庐山观音庵在清咸丰年间被毁，至光绪八年（1882年）重建，改成了道教二茅宫。此道观一度与句容境内大茅山、溧水境内小茅山齐名，后在"文革"期间被废。而县城的观音寺，因城市建设的需要于1999年拆迁，选址在东庐山观音庵的旧地新建。也就是说，现在的东庐山观音禅寺，是将旧观音寺和观音庵合二为一复建的。

新建的东庐山观音禅寺外景

观音禅寺最终选定在东庐山落户，可谓天地人和。此山原本就有着悠久的佛寺历史。相传南朝梁武帝时，有一个叫鸿鹤的法师曾在山中广设道场，布道弘法。四方僧众趋之若鹜。至元代，各个山峰上寺庙已十分可观，除了观音庵外，还有九霄阳生宫、寿国寺、龙王庙、茶亭庵等，香火颇为旺盛。其中的寿国寺，规模宏大，盛极一时。时任寿国寺的住持，还兼任了观音庵的住持。其遗址尚可寻之。此山的自然风光更是了得。其冈峦层迭，林木苍翠，地势俊秀。尤其是立于观音禅寺向山下眺望，眼前为静若处子的龙王湖，但见四岸树木倒挂，点点白鹭穿梭，生机盎然。传说古时一条白龙驾临龙王湖，主宰着当地的风水，保一方风调雨顺，泽一地鱼米之乡。当地方圆数十里百姓无不为之景仰。

观音禅寺最值得骄傲的还是其位于秦淮河的源头。秦淮河，南京的母亲河。它有两处源头：东源出自句容的宝华山，叫句容河；南源就在溧水的东庐山，叫溧水河。二水流至江宁方山附近的西北村交汇，形成秦淮河的干流。而观音禅寺的南侧有一口泉眼，长年不枯，汩汩流淌。此乃溧水河的源头也。正是这眼山泉，汇聚涓涓细流，形成秦淮水系，尽显"东庐叠巘"的迷人风采，也孕育了金陵的古风和现代文明。

东庐山观音禅寺初建时仅有主殿5间、面积约250平方米。2000年，

新建的东庐山观音禅寺观音塑像

观音禅寺获准为鸡鸣寺下院，由鸡鸣寺住持莲华法师兼任住持。自此，观音禅寺进行了整体规划建设，计划占地面积1200余亩，沿三条轴线分期实施建设项目。中轴线建有天王殿、大雄宝殿、鼓楼、钟楼、斋房、寮房等。其中先期建成的天王殿，与两侧的斋房、寮房连为一体，地上五层，地下一层，立于东庐山腰。远观之，呈两侧对称之形。中轴线左为观世音菩萨轴线，设观音广场，立48米高的观音铜像。中轴线右为大势至菩萨轴线。这个寺院坐落在南京母亲河的源头，要规划好，建设好，能于社会带来更多的福祉。

就阁建寺的弘济寺

弘济寺，在今幕燕风景区的东北角，原为观音阁，始建于明洪武初年。宣德十年（1435年），因殿宇倾颓，遂于正统元年（1436年）就阁建寺，赐名"弘济殿阁"。

弘济寺的这段历史，有明嘉靖年间南京礼部侍郎吕柟所撰《弘济寺碑记略》为证。《记略》云："弘济寺在金陵寒桥之观音岩，北去都城一舍许。岩洞幽深，山水萦回，嚣尘远隔，仿佛乎南海之普陀岩。凡官民趋于国事，商旅务于经营，舟楫往来，或遇风涛险阻，以诚祷之者，皆获平顺，应如影响。洪武初年，有僧号久远，道行圆融，立阁于兹，遂名观音岩。后为归并寺宇，本僧于右顺门奏，奉太祖高皇帝圣旨：观音岩与那老和尚住。钦此。由是，沙弥云集，香火滋盛。时宣德乙卯，金像剥落，殿宇倾颓，乃劝于众，乐善好施者闻风而来。择正统元年闰六月十八日肇始，建佛殿、大悲阁、天王殿、金刚殿、山门、僧舍、廊庑，丹彩相映。若墙垣阶砌之坚完，廪库庖湢之工致，规模胜旧，鼎建一新。不逾年而讫，具以上闻，圣恩敕赐额曰弘济。时正统丁巳四月之十一日。"

弘济寺为中刹，受天界寺统辖，有金刚殿、左钟楼、右鼓楼、天王殿、祖师殿、正佛殿、无量殿、观音阁、八难殿、藏经殿、伽蓝殿、僧院等，基址五亩，赐田90亩。

就阁建寺的殿阁，最大特点是所处的地势十分险要。明成化年间的兵部尚书乔宇在《金陵游记》中有如下描述："弘济寺，寺之殿宇廊舍，负山横起，短垣长

弘济寺

槛，接连而去。有阁自麓至梯绝处，凡数十丈，檐阿峻起，复系铁索于山前，置木槛使可凭以瞰江上。阴风怒涛，势欲飞天；晴江静练，可以坐阅；夜当明月横江，尤可爱也。"嘉靖进士陈凤亦曾独游严山，履弘济寺，登观音阁，凭轩瞰江，高歌抒怀：

> 缥缈飞楼严畔悬，楼前江水汇诸天。
> 鱼龙掀舞浪花碎，鼋鳄隐见波光偏。
> 高歌对酒当此阁，破浪乘风何处船。
> 且须吸尽江中水，还向石头来问禅。

在《万历上元县志》中对观音阁之险境也有记录："观音岩怪石榴垂，苍黛参差，上接云霄。而大江自龙江关西南来，直过其下，俯案墙睐之或骇。""观音阁依岩，就江滣而筑基，上交竖九柱皆丹。柱上棚浅构阁，阁三面皆栏杆凭之。瞰江若在楼船顶立也"。其中支撑殿阁的皆丹"九柱"，不知何故，后来被民间叫成了"七根柱"。

明万历年间（1573～1619年），弘济殿阁正式改称弘济寺。又因观音阁立于岩上，此山被称为"观音山"。南京城外廓的十八个城门中，其中通向燕子矶的城门因此被称作"观音门"。

弘济寺因其独特的地理位置，以及观音阁洞天福地的影响，清随明兴。康熙年间，曹雪芹祖父曹寅曾多次登临观音山，题有诗《坐弘济石壁下及暮而去》：

> 我有千里游，爱此一片石。
> 徘徊不能去，川原俄向夕。
> 浮光自容与，无风鼓空碧。
> 露坐闻遥钟，冥心寄飞翮。

据考，弘济寺后山有一"悬崖撒手"石刻。此为大学士熊赐履退居南京后，以"清凉履"之名题写的。另有"觉岸"石刻一方。另有当代红学家由此推断，曹雪芹写《红楼梦》中贾宝玉"弃家为僧"遁入的"空门"，指的就是弘济寺。因《红楼梦》佚稿中有"悬崖撒手"一回文字。熊赐履既是康熙帝玄烨的老师，也是曹寅的老师，与曹家关系非同一般。

观音阁旧影

乾隆年间，寺名因避乾隆帝"弘历"之讳，改称永济寺，如同牛首山弘觉寺亦改称宏觉寺一样。清绘"金陵四十八景"中的"永济江流"，即指长江流经永济寺的场景。乾隆皇帝六下江南，竟然六次到永济寺礼佛，不仅数题其诗，咏叹"永济江流"之境，还为永济寺书"德水香林""江天净界"匾额及"觉岸"条幅，并亲自撰书"吴楚江山通广望，华严楼阁总悬居"的楹联，以赐寺。他还与永济寺住持、101 岁的兴洞法师结成忘年之交，共议释家典籍，同探养生之道，并御诗《赐永济寺兴洞和尚》：

不会诗文不解禅，果然默默以全天。
半生尘世半生佛，可号山僧可号仙。

永济寺在清咸丰年间大半被毁，唯余破椽数楹，断壁残垣倚于崖畔。曾国藩曾登观音山，给其题有一副对联："长笛不吹山月落，高楼遥吸海云来。"同治年间，永济寺虽有修缮，但已没落，加之江水远退，"永济江流"之誉已有名无实。

1980 年，观音阁在原址得以复建。寺院遗址内的山崖峭壁上，尚留存乾隆御题石碑三块。其周围尚有铁链锁孤舟、马娘娘梳妆台、犀牛望月、龙牙滴水等遗迹和景观。据悉，佛教部门有意恢复永济寺，并已经在着手规划。

释道合一的泰山寺及大仙寺

泰山寺，位于今南京市浦口区泰山新村西北山顶上，原称泰山庙，又叫东岳庙，始建于明洪武年间，具体时间不详，至今约有 600 年的建寺历史。据《江浦埠乘》记载："东岳庙，在浦口宣化山巅，曰泰山庙，咸丰中毁。同治五年，僧德缘募建。光绪五年，防军提督黄位林新建石磴，自山麓至庙门，凡一百三十二级。"《江浦埠乘》系地方学者侯宗海、夏锡宝所撰，于光绪年间出版，弥补了自雍正年间修县志之后再无重修之缺，具有权威性。

泰山庙在 1952 年被拆除了部分房屋，而后又于 1982 年被列入区级文物保护单位，至 1986 年更名为泰山寺。那么，这个寺院为何当初称作泰山庙或东岳庙呢？原来寺院内除了供奉诸佛及菩萨像，还供奉着东岳大帝黄飞虎像等道教诸神，是佛、道两教共同礼敬的庙宇。黄飞虎，传说姜太公封神时封其为"东岳大帝"。东岳大帝掌管人间的吉凶祸福，主治生死，是道教所奉的"泰山神"。"泰山""东岳"的庙名由此而来。

每年的农历三月二十八，是黄飞虎的生日。这一天，前来泰山庙朝圣者众多，逐渐形成了人如潮涌、热闹非凡的泰山庙会。庙会的会期通常为三天。三月二十八日这天是正期，也是最热闹的一天。这一天，天一亮就出会。人们抬着"东岳大庙"和俗称"泰山老母"的碧霞元君神像上街，叫"出会巡街"。神像之上，还有善男信女们捐款做的"万民伞"。此外，还有人将城隍庙的城隍老爷、都天庙的菩萨神像连同泰山庙神，从东门镇分东、西、北三路抬出，共同巡街，以求神灵保佑、风调雨顺、国泰民安。与此同时，江北地区四乡八镇（包括浦口、江浦、六合及安徽省滁县、来安县等）的民间文艺演出队齐聚东门镇，待神像抬出庙宇便紧跟其后，上街玩耍。龙舞、狮子舞、高跷、旱船、渔翁捕蚌等行游，在鞭炮和锣鼓声中越舞越欢；翻筋斗、叠罗汉等也时出高招，围观人群无不欢呼雀跃，使庙会活动到达高潮。"出会巡街"仪式完毕，人们再各自将神像送回庙堂原位上供奉起来。泰山庙会的三天，前来烧香许愿的、

泰山寺旧影

还愿的,求神降福赐予的、消灾灭病的,终日不断。还有一些虔诚的佛教徒、道教徒,背着香袋,从泰山庙脚下的石磴第一级开始,一步一跪一叩头地直到庙堂。

百年来,泰山庙几起几落,而泰山庙会却经久不衰,成为南京的一项有影响力的民俗文化活动。

位于秦淮区光华路科技园小石山上的大仙寺,原名大仙庙,也是一座释道合一的寺庙,除了供奉诸佛和菩萨外,还供奉着黄大仙。黄大仙,一说是汉代张良杞桥纳履的黄石公,一说是晋代得道成仙的黄初平道长,还有传说是当地的灵狐地仙。大仙寺始建年代不详,不过它的所处地小石山,明初就有黄大仙信仰,因而又有大仙山之称。古往今来,十里八乡的善男信女都会来此求嗣祈福。农历十月二十五日黄大仙生日这天,这里的香火尤为兴旺。

大仙庙屡经损毁。现在的庙宇,是20世纪80年代初当地信徒自发捐建的,并自发加以管理。2007年,经宗教部门批准将寺院更名为大仙寺。而今的大仙寺,其天王殿供奉着弥勒佛、韦驮菩萨;其大雄宝殿供奉着释迦牟尼佛祖、地藏和观音菩萨;而后山的大仙殿则供奉着黄大仙等诸神。

新建的大仙寺

在大雄宝殿与大仙殿之间有一座照壁。照壁的一面，采用古典砖雕形式刻印"南无阿弥陀佛"六个大字；另一面则镌刻着松鹤延年和八仙图案，可谓集佛、道两种文化于一墙。寺庙的大门有一副对联，云"理玄各探科技园中藏佛寺，释道兼容如来殿后供神仙"，是身处现代科技园的大仙寺对社会包容与和谐的一种表达。

"四海平静"之静海寺

　　静海寺，位于南京城北狮子山西南麓，系明永乐九年（1411 年）明成祖朱棣为褒奖郑和下西洋的功绩而建，赐额"静海"，取"四海平静，天下太平"之意。据明《金陵梵刹志》记载："卢龙山静海寺，在都城外，南去仪凤门半里，所统天界寺二十里，西城卢龙山之麓。文王命使海外，平服诸番，风波无警，因建寺，赐额静海。"又据明《静海寺重修疏序》记载："文皇帝践祚，海夷西洋，尚逆颜行，爰命专征，艨艟千计，战士帅属以万万计，乃折鲸鲵飓涛弱浪之外，楼帆无恙，获所贡琛异以归，岁奉朝朔，皇灵震荡。说者奇其绩，谓为神天护呵，合建成寺酬报。诏可，赐今额，遂为名刹焉。"清《江宁府志》则记为："静海寺在仪凤门外卢龙山之麓。明永乐年间，命使海外，风波无警，因建寺，赐额静海。"

　　航海家郑和（1371 ~ 1433 年），生于云南昆州（今晋宁），本姓马，小名三保，洪武年间被掳至南京，入宫为太监。朱棣称帝后，他升为内官监太监，赐姓郑，名和，俗称三保太监。自永乐三年（1405 年）至宣德八年（1433 年），他受命率领庞大船队七下西洋，足迹遍及亚、非 30 多个国家和地区，为中国走向世界的超前之壮举。他在第六次航海回国后，曾任守备南京太监，担任修造大报恩寺塔的监工官。他于最后一次航海归国途中去世，归葬牛首山。

　　静海寺，是郑和第二次下西洋回国后敕建的，占地 30 亩，被誉为"金陵律寺"之冠。寺庙有殿堂金刚殿三楹，左钟楼一座，右井亭一座，天王殿三楹，正佛殿三楹，左观音殿三楹，左伽蓝殿二楹，右托藏殿三楹，右弥勒殿三楹，右祖师殿二楹，潮音阁五楹，左华严楼三楹，回廊二十楹，玩咸亭一座，方丈一所十六楹，公学三楹，僧院四十房等。此外，公产田地塘 200 余亩。清甘熙《白下琐言》记："仪凤门外静海寺，明永乐建，规模宏阔，础石大若车轮，润如苍玉，柱皆数围，或云沉香木为之，其实钟山南木耳。"

　　郑和曾在静海寺生活多年，并将从海外带来的奇珍异宝陈列于寺内，

静海寺内天妃宫碑旧影

供人参观。据《图书集成》记载："静海寺有水陆罗汉像，乃西域所画，太监郑和等携至。每夏间张挂，都人士女竞往观之。"此水陆罗汉像在明万历年间仍保存完好。在《静海寺重修疏序》中，赞叹静海寺内"阿罗汉像，水陆毕陈，巧夺造化之奇。"寺内院落还种植了他从海外带回的花卉、树种。

其引进的海棠，直至150多年后仍在盛开。据顾起元《客座赘语》中记载："静海寺海棠，永乐中太监郑和自西洋携至，建寺植于此，至今犹繁茂，乃西府海棠耳。"明朝末年，李时珍曾来静海寺，对这些西洋植物进行了研究，并据此在其《本草纲目》中对番药、夷果部的内容加以补充、修订。明代的静海寺，可以说就是一座"西洋博物馆"。

静海寺，自永乐初创筑后，几经重修，于道光十二年（1832年）被火焚毁，嗣后再经重建。第一次鸦片战争失败后，清政府于道光二十二年（1842年），被迫与兵临城下的英军在静海寺议约，先后议约五次，最终在下关江面"康华丽"号英舰上签订了中英《江宁条约》（又称《南京条约》）。此为中国近代史上的第一个不平等条约。静海寺成为这一历史的见证。

静海寺在清咸丰年间遭到劫难。太平军从寺内挖地道轰城，寺内建筑受到严重破坏。同治年间寺院得以重建。1937年冬，侵华日军进攻南京，寺院几乎完全被毁。据寺僧回忆：计焚去头门韦驮殿三间、二门天王殿五间、毗卢殿三间、地藏殿三间、观音殿三间、大客堂三间、老大殿地基平房三间、影堂三间、祖堂三间、斋堂三间、库房四间、云水堂三间、大厨房五间、楼房五间，共四十九间，仅存僧舍两进八间，以及大门"静海律寺"四字。

1987年，政府在静海寺废墟建了座仿明建筑，称"古静海寺旧址"。

在静海寺旧址新建的纪念馆

旧址中有清绘"金陵四十八景"之"三宿岩"。1990年，将其辟为《南京条约》史料陈列馆，后于1992年被列为市级文物保护单位。为迎接香港回归，1996年对其进行了扩建，铸"勿忘国耻"大铜钟一座，立于其间，名"警世钟"，又将记录郑和航海实况的明刻天妃宫石碑移于此。2004年起，为纪念郑和下西洋600周年，将其再次扩建，新增郑和纪念堂、潮音阁等建筑，与原史料陈列馆通过回廊相连，共同构成了静海寺纪念馆。

江南华严宗道场鹫峰寺

鹫峰寺，坐落在今白鹭洲公园内，始建于明天顺五年（1461年）。据史载，宦官进保择其地创建了寺庙，为纪念唐代名僧鹫峰大师而名鹫峰寺，由明英宗朱祁镇书赐其额"鹫峰禅寺"。

鹫峰寺所在的白鹭洲，明永乐年间是开国元勋中山王徐达家族的别墅，称之为徐太傅园或徐中山园，后又称作东园。据明《正德江宁县志》记载："为金陵池馆胜处"。及至入清鼎革，徐氏爵除，所属园林绝大多数都已圮废或易主。其东园尚有守园园丁苑姓，居桥旁，故桥以苑姓，称苑家桥。道光三年（1823年）的特大洪涝，致使园内"屋宇倾颓，花木凋谢，当年风景，消歇无存"。一代名园就此圮废，唯遗址池沼地形尚在，年深日久，形成独具野趣的自然景观。民国十三年（1924年），当地士绅集资在此开设了一个茶社。同年，修葺东园故址内的鹫峰寺时，发现墙内有块镌有李白名诗《登金陵凤凰台》的石刻："三山半落青天外，二水中分白鹭洲"。茶社的经营者遂以"白鹭洲茶社"为招牌经营。虽然李白的诗句中所指的白鹭洲是江东门外长江边的白鹭洲，但此时东园故址湖中有洲，洲边生有芦苇，秋日时白鹭翔集，景观与长江边的白鹭洲极为相似。民国十七年（1928年），在东园的旧址建设公园，冠名白鹭洲。

东园所在地的历史，可追溯到南朝。相传梁代这里是江总宅。唐乾元年间（758～760年），刺史颜真卿在秦淮河置放生池。此放生池后移此，并于南宋乾道五年（1169年）知府史正志于此建清溪阁。据明礼部

中长板桥堍鹫峰寺（清版画）

尚书邹干撰写的《鹫峰寺碑记略》：寺后有水池，传为唐颜真卿放生池，有《鱼极乐国》碑。明初为段约之宅。又据清《同治上江两县志》记载："长塘，旧长板桥也。桥西为教坊，有乐王祠，俗伪曰药王矣。有教坊司题名碑，旁有鹫峰寺。"那一带另有回光寺等。《桃花扇》作者孔尚任作《鹫峰回光诸寺》诗，对此处的历史做了大致的概括：

六朝古寺基，半是王谢宅。
鹫峰与回光，境界尤孤入。
老树郁相望，溪流深盈尺。
众僧澹无为，洗钵坐盘石。
传说江总持，此是旧吟席。
又云颜鲁公，诗碑有遗迹。
千年荒唐事，谁主谁为客。
宇内皆寓形，吾生况行攸。

　　鹫峰寺就是在这样的文化遗址上建起来的。由于寺院一带是内秦淮的核心区域，拥有清绘《金陵四十八景》中的"长桥选妓""桃渡临流""来燕名堂"等众多的人文景观，成为文人达官的雅集之处。明代王缜写有"微风晴日媛初冬，乘兴悠然到鹫峰"的诗句。清代吴敬梓在《儒林外史》中也讲到了"到鹫峰禅寺吃茶"的情节。"秦淮八艳"之卞玉京，曾在鹫峰寺中修行；马湘兰去世后，葬在了寺侧的孔雀庵；柳如是则去了马湘兰之墓凭吊。

　　明代的鹫峰寺为32中刹之一，属天界寺统辖，并下辖回光寺等诸小刹。据《金陵梵刹志》载："鹫峰寺有佛殿三间，翼然严正，檐牙栋宇，远近相望。殿之前四天王殿，殿之后有毗卢阁。左庑之半建观音殿，簇以画廊二十间。右庑之半建藏经殿，亦簇以画廊二十余间，俱彩绘其壁。东廊之前为钟楼，西廊之前为鼓楼，树碑铭。又于正殿之东辟地数亩建佛堂，方丈以为讲经之所。饭僧有堂，祈福有所，栖僧有寮，退居有舍。池塘绕其后，金城抱其左。"

　　明末，鹫峰寺日趋衰落，至清中叶已失修近颓圮。乾隆末年，湖南

鹫峰寺山门旧影

　　僧人达宗法师云游金陵，来寺驻锡，经十余年努力，致使寺院恢复如初，遂得中兴。期间，寺僧明彻和尚嗜花，于寺中砌筑花坛，栽植牡丹、芍药等，使之成为金陵一绝。

　　清嘉庆年间（1796～1820年），性海禅师驻锡鹫峰寺，升座主讲《华严经》。原在寺院弘法的真诠、明隐二位禅师，也都是研习《华严经》的高僧。为此，鹫峰寺成为江南华严宗道场。如今南京现存的华严宗道场，也只有这么一座。

　　华严宗，是依《华严经》为根本典籍所立的宗派，因创始人法藏号贤首，亦称贤首宗；又因以"法界缘起"思想为宗旨，还称法界宗。此宗形成于唐代，明末始于南京兴起。清末，杨仁山居士创建金陵刻经处，寻得智俨《搜玄记》、法藏《探玄记》等，辑录为《华严著述辑要》《贤首法集》等，刻印传播。杨仁山常自称"教宗贤首，行在弥陀"。谭嗣同在金陵刻经处撰《仁学》时，亦吸收《华严》等经论思想。华严宗自20世纪50年代，融入诸禅之中。

　　清道光年间，鹫峰寺一度改为老民堂，即收养老弱病残的慈善机构。民国初，寺院遭遇火灾，焚毁殿堂大半。民国二十五年（1936年），南京的市内小火车向南延展，路基从寺院的中心位置穿过，使其仅残存东侧一隅。

1982年，鹫峰寺旧址被列为市级文物保护单位。1993年至1997年，白鹭洲公园管理处将旧址内居民搬迁，加以维修，辟为书画展览室。2002年，南京开始全面复建鹫峰寺，并推举年已八旬的佛门尊宿全乘长老为住持。而今的鹫峰寺，占地5000多平方米，建筑面积20000多平方米。其建筑为三进院落，依次是：山门、金刚殿、钟鼓楼、天王殿、伽蓝殿、祖师殿、大雄宝殿、观音殿、地藏殿、毗卢阁等，回廊33楹，僧院9房，禅院24楹。其观音殿里供奉着200多座观音像，为南京佛寺供奉观音数量之最。

民国佛教中心之毗卢寺

　　毗卢寺，前身可追溯到明嘉靖年间建的一个小庵，因庵中供奉毗卢遮那佛，得名毗卢庵。此庵的具体情况，府县志并无记载，仅知在清咸丰年间毁于战火。同治三年（1864年），有僧量宏戒行清净，在督署前初创一庵，后受制军令迁往西华门外竺桥，也就是现在寺址所在的汉府街4号。光绪年间，这座小庵因一个偶然的机会得以发展，此后受益于民国时期定都南京，一跃成为全国的佛教中心。

　　毗卢庵是因何种机缘得到了发展，由"庵"成"寺"的呢？这与著名将领曾国藩的弟弟曾国荃有关。曾国荃亦是湘军统领之一，却是个"常败将军"，仕途发展不顺利。相传，他到老家湖南的衡山礼佛，在齐公岩与海峰法师相识，交往投契。海峰法师是镇江人，客居南岳衡山齐公岩，有苦行。他识破曾国荃的拜佛心意，点悟了曾国荃，并立誓代其礼佛天下名山。曾国荃当即许约"如今后我督两江，定为汝造寺"。这就是史料上记载的"齐公岩约言"。光绪十年（1884年），曾国荃如愿以偿地

毗卢寺山门旧影

担任了两江总督，招海峰法师到江宁择地建寺。海峰法师选中毗卢庵址，征得庵主僧量宏意见，仍以"毗卢"为寺名，加以大规模地扩建，使其数年间即成为南京第一寺。

在建寺过程中，曾国荃率先并号令湘军诸将捐款捐物。寺内所建殿堂木料，均从湖南运来，主要殿堂的屋檐滴水，均雕上一龙九凤，还特制了荷花缸等一批寺院用品。寺院建成后，礼请南岳海峰法师为第一任方丈，举行了大型水陆法会，以超度湘军阵亡将士。

扩建后的毗卢寺范围很大，东至青溪河，西至大悲巷，北至太平桥，南至汉府街。寺内的建筑分两条中轴线：大中轴和小中轴。大中轴以现在的大雄宝殿为中心，排列是照壁、金刚殿、天王殿、大雄宝殿及观音楼。小中轴在大雄宝殿东侧，前后是经房、斋堂、毗卢殿、万佛楼、禅堂、塔院等。寺内以万佛楼和观音楼最为著名。万佛楼供奉鎏金铜佛像3000尊，每尊约10厘米高，楼之上下左右无不有佛，楼中还建置了药师塔，楼顶则有观音"三十二应身彩塑像"。观音楼之所以有名，是因为民国时期引进了一尊禅坐千手观音圣像。此尊观音圣像为十一面观音，高三丈三尺，通身洁白，采用了台湾阿里山的桧树独木原材料，系日本著名雕佛师门井耕云的作品。观音楼自供奉千手观音圣像后，更是名播遐迩。

毗卢寺在民国时期，成为全国佛教中心。民国时期中国佛教会、中华佛学研究会、中国宗教徒联谊会、首都中医院皆设于此。太虚大师、章嘉活佛曾在此办公，这一时期的毗卢寺，可谓高僧名士云集，盛极一时。

然而在"文化大革命"中，毗卢寺难以幸免：千手观音桧木雕像被毁，3000尊鎏金铜佛像散失；寺院的部分建筑如万佛楼被拆，部分建筑如大雄宝

毗卢寺观音殿旧影

殿等被改作厂房。

1998年，在全国佛教协会原会长赵朴初的关心和地方政府的支持下，毗卢寺恢复正常宗教活动，并开始逐步复建。由于寺院占地面积已有所缩小，庙宇设计向空间争取建筑面积。2002年，万佛楼落成。万佛楼原是二层楼建筑，新建为五层楼，在全国创下了汉传佛教单体仿古建筑之最。新建的万佛楼，一层为祖堂、斋堂等；二层为法堂，文殊殿、普贤殿等；三层是藏经楼、地藏殿、观音殿等；四层是千手观音供奉处等；五层则为万佛楼。这层万佛楼中特意设置了可供奉10080尊佛像的佛龛，使之成为名副其实的万佛楼。之后，毗卢寺又先后建成东厢房、西厢房等建筑，还利用新技术，将大雄宝殿老建筑整体予以升高，再现了昔日风采。寺内现藏有三件宝贝，很是珍贵。这三宝是清乾刻版《大藏经》、明大报恩寺散落在外的合金制作的磬、明青花瓷荷花缸。

老山养息道场兜率寺

　　兜率寺，位于南京市浦口区老山西华峰下的狮子岭腹地密林之中。其前身为狮子岭禅宗道场。所谓狮子岭，相传地藏菩萨在老山的西华峰坐趺，一夜间后山的石头忽而崛起，形状很像一只狮子，故得名。道场的创立者为明末学者焦竑的再传门人江浦秀才郑继蕃。

　　明末清初，许多文人因不满清朝廷统治，或潜隐山林，或削发为僧。郑继蕃即为其一。他少承庭训，潜研心性之学，曾著《庐言守绝》等书。约顺治二年（1645年），他进老山在狮子岭筑茅庵，办道场，持修禅规，法号白药。追随者众，称其为"高名先生"，并在他圆寂后立祠于石积桥（今桥林镇），以纪念之。

　　白药法师圆寂后，道场改称为兜率寺。"兜率"出自佛经"兜率天"。"兜率"是梵语的音译，亦作兜术、兜率陀、都史多等，意译为知足、喜足、妙足、上足等，所谓"受乐知足而生喜足心也"。"兜率天"分内院和外院。外院为天众所居，内院为弥勒净土。弥勒满4000岁（当人间57.06亿年）即下生此世界，成佛于龙华树下。昔释迦如来也是从此"兜率天"降生天竺（古印度）而成佛的。《普曜经》云："其兜率天有大天宫，名曰高幢，广长二千五百六十里，菩萨坐此为诸天人敷演经典。"

　　狮子岭道场继承者以"兜率"命寺名，体现了得狮子岭宝地，仿佛置身于兜率天般超尘脱俗之境地，于是"知足而生喜足心"也。另一方面，"兜率内院"又是菩萨敷演经典的庄严境界，以"兜率"名寺，亦不难窥知寺以"敷演经典"为宗旨的宏愿，其用心可谓良苦。

　　正因为如此，兜率寺从一开始就不筑

通往兜率寺的山路

兜率寺山门旧影

围墙，不设山门，不建大殿，只有以藏经楼为主体的建筑设施，在寺院中独树一帜。尽管后来的寺庙建设已颇具规模，但仍不筑围墙，不设山门，不建大雄宝殿，始终如一地保持着原先经院式寺庙特色。又因寺院僻居深山，空灵幽静，且以研经养道为始衷，名声日隆，不乏高僧名释来此演经布道。鼎盛时期，寺内有常住僧侣40余人，连同四方云游僧侣，常达百余僧众。镇江、扬州等地的老禅师，大多退居狮子峰养息。为此，兜率寺成为禅林中著名的方便道场，亦称"养息道场"。

清光绪年间，真空和尚继任兜率寺方丈后，新建大楼5间、小楼4间、禅堂5间；种植林、竹、茶及水稻；建立狮子岭教规；冬季有禅七，夏季有讲经，使寺院盛极一时。民国年间，常有募建。至"文革"前，寺院有房屋105间，其中瓦屋73间，草屋32间，大殿内钟鼓、法器一应俱全，经卷收藏亦称宏富。寺院虽在"文革"中被废止，但后来很快得以恢复。暮鼓晨钟又回荡在狮子岭上。

1982年，圆霖法师被推选为兜率寺的住持。圆霖（1916～2008年），俗名杜振山，号山僧，安徽宿濉溪人。他幼时聪慧，蒙读四书五经；稍长，

虽务农，然善画自娱，后师从民间画师和河南画师学画。民国三十七年
（1948年），他因有疾被一和尚治愈后，还愿出家。自此，他潜心礼佛，
曾住独峰寺，又赴上海、五台山求法。他在经禅之余，作书绘画，画技
日臻成熟。20世纪50年代，他与大书法家林散之结为莫逆之交，曾悄悄
为林散之画了一幅工笔兼写意的彩色肖像。林散之获得此画，甚为珍爱。
赵朴初先生阅此画后也极为赞赏，挥毫在像右侧题曰："其容寂，其颡頯，
凄然似秋，暖然如春。"他擅画佛像及山水，亦工书法。栖霞寺、鸡鸣
寺和泰山寺等寺院，均藏有他的书画墨宝。香港、台湾等地的佛教界人
士也常请他赐书画。他住持兜率寺期间，自画佛像，自画壁画，自塑佛像，
自书对联匾额，莫不精妙，为寺院增添了浓烈的佛教艺术色彩。不仅如此，
他还事必躬亲，亲自负责修建寺庙的工作。

　　而今，兜率寺拥房屋数十间，设有三圣殿、大雄宝殿、弥勒殿、藏
经楼等殿宇，颇具规模。藏经楼中有新版《大藏经》和《中华大藏经》
各一套。整个寺院依傍山势，起伏错落，状如卧狮。寺内古树繁多，特
别是苍天的枫树群，秋时观赏最佳。寺周围则为一望无际的深山密林。
从狮子岭寺院俯瞰，一条崎岖蜿蜒的山路掩映在林隙中。被城市喧闹生
活困扰的人们，一进入这静谧的禅林，驻锡在此，当可体会蝉噪林静、
鸟鸣山幽之气氛，初则惊喜，继而则会流连忘返。置身于这样一个绝妙
佳境，令人心旷神怡，有羽化登仙之感。

日僧建立的西本愿寺

西本愿寺，系清光绪初年日本僧人创办，位于洪武路上乘庵，属净土宗道场。寺名是沿用了日本寺庙的名称。其建筑亦为日式四合院，三层楼房，有房屋近 100 间。

光绪二十五年（1899 年），日僧水野梅晓在西本愿寺创办东文学堂，专收中国籍学僧，培养日用僧人。日僧不仅在此办学堂，也开始在上海、浙江等地建寺办学，引发了一场不小的外交风波，迫使清政府放宽政策，下令许可各地佛教徒自办佛教院校。这也促成了光绪三十三年（1907 年）杨仁山居士在金陵刻经处创办祇洹精舍，以及宣统元年（1909 年）江苏省僧教育会在三藏殿创办南京僧师范学堂等。

西本愿寺，因是日僧开设的寺院，在抗日战争时期注定成为侵略者的政治工具。民国二十八年（1939 年），日本人发起成立日华佛教联盟南京总会，为了大肆渲染，在长江路国民大会堂举行了成立大会。总会的会址就设在西本愿寺。该总会还在古林寺开办了南京佛学院，招收中国僧人为学僧，让学僧统一着日式学生装，培养为日本所用的僧才。

民国三十年（1941 年），东亚佛教大同盟也在西本愿寺成立。这是由中日文化协会、中支宗教大同盟、日华佛教联盟南京分会共同发起的。汪伪政府外交部长褚民谊任总裁，伪南京市市长赵正平任筹备委员会委员长。成立东亚佛教大同盟的目的，是要以此"大同盟"为中心，将中国中部及至全国各日伪占领区的佛教团体组织起来，以便统一管辖。为此，日本兴亚院联络部及汪伪政府社会运动指导委员会做了精心策划，还曾组织北京、镇江佛寺的僧人访问了日本，搞了一次所谓的中日佛教文化交流活动。日华佛教联盟南京总会、东亚佛教大同盟，以及南京佛学院均在侵华日军投降后而匆忙解散。

抗日战争胜利后，西本愿寺改为上乘庵。其所在街巷亦称上乘庵。南京解放初，成立南京市佛教学习委员会，由映彻任主任委员，组织僧尼学习时事政治，参加社会活动。上乘庵改作了佛教读报组。1957 年，

上乘庵原西本愿寺旧影

成立南京市佛教协会，仍在上乘庵组织僧尼开展政治学习。其房屋在
1958年后被辟为市政协及民主党派办公用房，至2000年因城市建设拓宽
马路需要被拆除。

佛塔篇

大报恩寺琉璃塔

大报恩寺琉璃塔，建于明永乐至宣德年间，是大报恩寺的核心建筑。这座佛塔坐落在古长干里，高耸入云，被称作"中国之大古董，永乐之大窑器"，有"天下第一塔"之美誉。民国学者许毅人在《宝塔考》一文中指出："明代三百年间所造之塔，应推南京大报恩寺塔为第一壮丽豪华，举国无匹，或竟凌驾前代之上。"

佛塔，乃佛教传入中国后的新建筑类型。佛塔的原始作用是供奉佛舍利。据佛教典籍记载，释迦牟尼佛荼毗后，阿难等弟子从骨灰中得到了舍利八斛四斗（另有一说为一石六斗），建塔供养。佛灭度百年后，笃信佛教的孔雀国国君阿育王统一了印度。他为推广佛法，在世界各地建造了 8.4 万个舍利塔，将佛舍利进行再分配供养。这些遍布各地的舍利塔，被后人称作阿育王塔。阿育王的这一举措，应是最早的、也是最为经典的佛教传播推广案例。

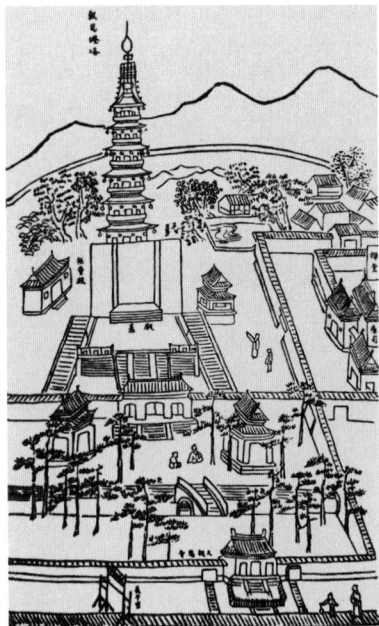

大报恩灯塔图

在佛祖舍利中，佛牙、佛指、佛顶骨为至高无上的三大代表，尤以佛顶骨规格最高。佛顶骨，梵文 usnisa，音译"乌率腻沙"，本指佛顶肉髻。《无上依经》云"顶骨涌起，自然成髻是也"。《大般若波罗密多经》亦云"顶骨结实，穷劫不坏"。在我国，目前供奉的有北京西山佛塔中的佛牙舍利，北京云居寺雷音洞中的佛指舍利，以及陕西法门寺中的佛指舍利等。2008 年 7 月，考古学家在大报恩寺遗址考古发掘中，请出了佛顶骨舍利，无疑是唯一的，也是最为珍贵的。

明代建设的大报恩寺琉璃塔，何以

大报恩寺塔铜版画

会请出佛祖顶骨舍利呢？这是因琉璃塔沿用了长干寺圣感舍利塔的地宫。也就是说，佛祖顶骨舍利是从长干寺佛塔的地宫中请出来的。

在古长干里，佛塔的历史十分悠久。早在东吴时期，伴随着江南第一寺——建初寺的建立，江南第一佛塔——阿育王塔也就此诞生。继起的长干寺，即大报恩寺的祖寺，也是在东吴时期建起了阿育王塔。东晋孝武帝时，长干寺觅得东吴时瘗藏的佛舍利等圣物，又建了一座长干寺塔，供奉舍利。此长干寺塔被列为东土十九座舍利塔之一。长干寺因此也形成了独特的双塔供奉形制。隋朝，长干寺及塔因政治原因遭废弃。其双塔地宫的圣物，一部分移奉长安（今西安）日严寺，另一部分留了下来，移至建初寺内保存。北宋真宗大中祥符年间（1008～1016年），释可政将长干寺旧址屡显舍利灵迹之事上报朝廷，获准在原址恢复寺院，又利用北天竺高僧施护相赠佛祖顶骨舍利之机，建起了高达"二百尺"的九层砖塔供奉，一时成为轰动全国的盛事。为此，宋真宗下诏赐塔名为"圣感舍利塔"，赐封释可政为"演化大师"。

释可政，俗姓高，幼年于金陵升元寺（前身为瓦官寺）出家，受业于赐紫高僧玄月。他曾于大宗端拱元年（988年），从长安终南山移奉玄奘大师顶骨舍利至长干寺，后在寺内建塔供奉。他还在寺侧开凿义井，以造福周围的百姓。正是这位"圣感舍利塔"的建造者，无形中永久性地保护了佛祖顶骨舍利。

从东吴的长干寺到明代的大报恩寺，这一古老的佛寺虽屡废屡建，但始终定格在古长干里的固定位置，这期间，佛舍利及塔无疑起到了核心的作用，也表达了千余年的佛脉绵延、舍利供奉的神圣传统。特别是大报恩寺琉璃塔建设得如此辉煌，也是要展示永乐帝宏大的治国抱负。正如明张岱《陶庵梦忆》所云："非成祖开国这精神、开国这物力、开国这功令，非胆智才略是以吞吐此塔者，不能为焉。"

大报恩寺琉璃塔，九级八面，外八内方，是一座典型的江南楼阁式砖木结构建筑，遍体则以白瓷和五色琉璃瓦装饰，又称"南京瓷塔"。塔高按明代营造尺寸折算，约合78米，而《大英百科全书》（第9版）"南京条"记载为260英尺，即79.5米。塔的底层四面开门，四壁镌刻四天王金刚护法神像；二至九层八面开门，四虚四实，上下错开。壶门两侧以琉璃砌成券门，有狮、象、羊等动物造型。塔顶为黄金宝顶，由承露盘相托。明陈沂《琉璃浮塔记》还生动地记录了塔内的情景："浮图之内，悬梯百蹬，旋转而上。每层布以金，四壁皆方尺小释像，各具诸佛如来因缘，凡百种，极致精巧，眉发悉具，布砌周遍。井拱叠起，皆青碧穹覆如华盖。列牖设簪灯处，若蜗壳宛转，一窍穿出。"

这样一座相当于二十八九层楼高的华丽建筑，出现在600多年前的南京，确实是个奇迹。

大报恩寺琉璃塔落成后，明宣宗下令大斋七昼夜，点燃长明塔灯，普天同庆。清康熙二十三年（1684年）康熙南巡时登塔，并在每层楼各书匾额一块，还赐金佛一尊、金刚经一部供奉塔顶。乾隆十四年（1744年），乾隆也曾登上塔顶，赐御书塔额。

清咸丰年间，琉璃塔在战火中轰然倒塌。尽管人们现在已无法一睹它的尊容，但仍可以从有关文献及文人笔记中得到比较多的了解。除此而外，以往外国的使臣、传教士、商人等来到南京，总会去参观寺塔，无不为之折服。一时间，它已被视为南京城市的标志，也被视为中国建筑乃至中国文化的重要象征。

大报恩寺塔顶承露盘

如今我们还可以从残存的塔顶承露盘实拍照片中，"以一概全"地去了解琉璃塔。这个实物照片不止一幅，由中外人士拍摄。英国外交官富礼赐曾在《天京见闻》报告中记录了这个承露盘："一个巨大的熟铁铸成的精美铁盆现仍躺在废墟上，完好一如原状。它可以做成一个绝妙的公共饮水池，即使在上海也是少有的！"此承露盘，后由金陵机器局组织人力物力从瓦砾中起出，供在机器局的大门外。20世纪30年代，史学家朱偰先生为之拍下照片，并在《南京的名胜古迹》中作了介绍："东下宝塔山，靠池有报恩寺琉璃塔顶，系铁制，雕镂花纹，分十二方位。九层浮图，仅余一顶，所以颇为可贵。"然而，就这么个遗存物，在南京沦陷后被侵华日军掠走，回炉用于造武器装备。这是侵华日军罪行的又一铁证。

走进南京博物院或朝天宫南京市博物馆，又可以去欣赏原汁原味的琉璃塔壶门。壶门上的动植物造型，色彩绚丽，精美绝伦。这是考古学者用收集到的琉璃塔砖构件拼合而成的。这些构件出土于城南窑岗村、赛虹桥等地，证实了明张岱《陶庵梦忆》的记载："闻烧成时，具三塔相，成其一，埋其二，编号识之。今塔上损砖一块，以字号报工部，发一砖补之，如生成焉。"也就是说，造塔时便烧制了三套琉璃瓦，其中的两套作为日后维修的备件。琉璃塔建设者当年的"未雨绸缪"，实在令人感佩。

　　这里特别要提到，考古学家在大报恩寺遗址考古发掘时，发现了盛放佛祖顶骨舍利的七宝阿育王塔。这座七宝阿育王塔，系单层方形，由塔座和塔盖两部分组成，通高 1.17 米，最大边长（塔座底板）0.45 米。其表面为银皮，饰有精致的纹样，内容有佛本生、佛传故事、佛像等，通体鎏金。其内部则为檀香木骨架，藏着金棺银椁。塔体上还凿有 452 个圆孔，镶嵌着金、银、琉璃、砗磲、玛瑙、珍珠、玻璃七类宝贝，寓意"佛教七宝"，代表了佛家净地的光明与智慧，蕴含着深刻的内涵。这是迄今我国出土的体积最大、工艺最复杂的阿育王塔了。目睹如此精美的小型阿育王塔，是否也能从中玩味出琉璃塔的无比宏大呢？

　　而今，大报恩寺遗址公园已建成开放。在公园内也建了座九层的"轻质保护塔"，用以保护地宫遗址。此次建塔，没有做成"中国之大古董，永乐之大窑器"的仿品，而是采用了新型工艺，充盈着现代的色彩。这既是现代人对原作的尊重，也是在向原作致敬。

　　而今，古老的大报恩寺琉璃塔形象，依旧鲜活在人们的无限想象中。美国诗人郎费罗（1807 ~ 1882 年）曾有一首赞美琉璃塔的诗，录之，再为我们的想象添上羽翼：

位于南京的近郊，

你看那座瓷塔，奇异而且古老，

高耸入云天。

它九层彩绘的楼台，

有着枝叶盘绕的栏杆和层层衬着瓷砖的塔檐。

上头悬挂的瓷铃无时无刻，

响着轻盈柔和的乐铃声。

同时整座塔闪耀多彩多姿的烨烨烂漫，

完全融入一个缤纷的彩色世界，

就像阳光照耀下花团锦簇的迷宫。

钟山宝公塔

宝公塔，系南朝梁天监十三年（514年）梁武帝女儿永定公主以汤沐之资，在钟山独龙阜玩珠峰修建的一座5级石塔，以纪念高僧宝志。此塔的塔顶镶有琉璃宝珠，寓意龙玩珠，所以又称玩珠塔。

相传，宝志与梁武帝的交好，武帝十分敬重宝志，常与之一起谈议佛法。据载，他们曾登临钟山定林寺。宝志指前岗独龙阜曰："地为阴宅，则永其后。"武帝曰："谁当之？"公曰："先行者当得之。"梁天监十三年（514年），宝志坐化于华林园佛堂。武帝买下宝志所指的地块，将其葬之。这才有了永定公主捐资建塔纪念。次年，开善精舍在塔前建成，收藏宝志生前的部分遗物，包括画家张僧繇所绘宝志像、宝志出家时的小袈裟及其锡杖等。精舍后改作开善寺，敕高僧智藏任住持，成为六朝时期的名刹。

宝志（418～514年），或作保诞、宝诔，世称宝公或志公，俗姓朱，名保志，江乘金城（今南京栖霞）人。他7岁时出家，师从僧检修行禅业。刘宋泰始初，他始出入钟山，往来都邑，历经齐、梁，名声渐振。在他身上，极具传奇的色彩。现在恐怕有人对他并不那么熟知，但说到后世的济公，就无人不知、无人不晓了。实际上，南朝宝志的种种灵迹、包括外形在内，都被民间移植到了南宋的道济和尚身上，再加上艺术加工，塑造了一个活生生的活佛济公。文人的笔墨厉害着呢。

传说毕竟是传说。自梁武帝在独龙阜玩珠峰安葬宝志，谥其"广济大师"后，历代皇帝都很敬仰宝志，有的还对他崇封。宋太宗谥其为"宝公妙觉"，后加封为"道林真觉"；宋高宗将其加封为"道林真觉慈慧大师"；元文宗再将其加封为"道林真觉慧感慈应普济圣师"。可见宝志对后世的影响之大。

到了明初，明太祖朱元璋选中独龙阜做陵寝，要拆迁开善寺及宝公塔。据传，当打开宝公塔后，宝志和尚千年真身不腐，指爪绕身数匝，怎么也掰不开，更麻烦是怎么抬也抬不动。朱元璋得知后，亲行大礼，并许

版画"钟阜穿云"中的宝公塔

诺要为之重建五层塔，以金棺银椁安置等，方使得迁塔顺利进行。宝公塔随寺院落户钟山东南麓灵谷胜境。

现今的灵谷寺所在景区，仍有一座志公塔，还有一个志公殿。志公殿是供奉宝志像的殿堂，殿后壁左右各嵌一方石碑，刻有宝志塔两次迁移的迁葬记。据记载，志公塔迁至灵谷寺的寺址后，曾被战火毁掉，仅剩塔基。民国十七年（1928 年）国民党建北伐阵亡将士公墓时，因塔基在公墓中轴线上，予以拆除。拆除中出土宝志的棺椁。其外椁已腐，内有石函及陶钵，内藏舍利等物，以及刻有明礼部尚书刘仲质《迁葬记》石碑一方。当时的拆迁者随即做了一个石棺，将所有遗物装入棺内，且新刻迁葬碑记，移至今松风阁西侧，并于民国二十六年（1937 年）重修志公塔。志公殿内现存的两方迁葬碑，即为此。民国时期建的志公塔，"文革"期间再遭劫难，塔内石棺中的遗物不知去向。现在大家所看到的塔，是 1981 年重新修建的。

在新建志公塔的塔身上，嵌有一方"三绝碑"。当然，原有的"三绝碑"不是嵌在塔身上，而是在开善寺内。所谓"三绝碑"，是唐天宝年间，大画家吴道子临摹了一幅张僧繇所绘宝志画像，由大诗人李白为画像写诗《宝志像赞》，再由大书法家颜真卿书法李白诗文，然后将三位大家的作品刻在一块碑上，形成了"三绝"。这块碑如能保存到现在，应是国宝中的国宝了。遗憾的是，碑在北宋太平兴国寺（即开善寺）遭大火时被毁。所幸碑的拓本犹存。元初，有人按拓本重刻，并请大书法家赵孟頫题"宝志菩萨二十时歌"，加刻了上去，使之有了"四"绝。以后，碑再毁又刻再毁。到了清代，乾隆皇帝下旨重刻"三绝碑"，并亲书"净土指南"四字，刻在碑上，使之变成了"五"绝。可惜这块

宝志公墓塔"净土指南"碑

清刻碑也不复存在。现在嵌于塔上的"三绝碑"，是在建北伐阵亡将士公墓时，根据旧藏拓本重刻的。

　　而今到灵谷景区游览，别忘了去看一看志公塔及三绝碑，还有志公殿。尽管这两个建筑并不起眼，需寻觅方能见到，但在那里定能让你发思怀古之幽情，说不准还能沾一点"先和"之灵气。

栖霞寺舍利塔

栖霞寺舍利塔，是立寺百余年后建设的，原为五层方式木塔，南唐重建时改作石塔，保存至今，被列为全国重点文物保护单位。

相传此塔的建成缘于隋文帝杨坚登基后下的一道诏令。据《帝京景物略》记载：杨坚登基前，偶然得到神尼智仙相赠的数百粒舍利，因而深信自己受到佛的保佑，方能上帝位。其诏曰："分道送舍利，先往蒋州（今南京）栖霞寺，泊三十州次五十三州等寺起塔。"也就是说，要派遣高僧分道护送舍利于八十三个州，让各州选一寺建塔供奉，并点名栖霞寺为护送的首站。这多半是因栖霞寺弘扬"三论"之学，产生过比较久远的影响，才会有如此殊荣。隋仁寿元年（601年），栖霞寺在全国率先建成了舍利塔，也就是前面讲到的五层方形木塔。至唐武宗时（841～846年）实行灭佛政策，栖霞寺遭废，原已老朽的木结构舍利塔完全倒塌。宣宗大中五年（851年），栖霞寺虽得以恢复，但未再修建舍利塔。

南唐时（937～975年），都城因君主崇佛而佛教兴旺。在皇族支持下，栖霞寺舍利塔在原址上"重起炉灶"。此次建塔，选用了石灰岩和大理石做材料，预先雕凿成各部分构件，再接榫安装，垒砌而成。奉诏主持建设的文官高越、武将林仁肇，一文一武，文武双全，创造性地完成了建塔工程。高越不仅是高官，还是著名词人，深得先主李昇赏

栖霞寺舍利塔旧影

识。他全身心投入舍利塔工程，建成后亲自撰写《舍利塔记》，其死后也葬在了舍利塔附近。林仁肇为南唐留守，文韬武略，治军严明，军中呼为林虎子。正因为他是不可多得的虎将，被外侵者视为眼中钉并使用反间计，诱使后主李煜将其毒害，可悲可叹。

新建的舍利塔，系八角五层密檐式石塔，高约 18 米，立在由基座、须弥座和千叶莲座组合的台座上，正面有石级台阶，塔体密封而不可登临。这种强调密檐和塔下设台座的做法，为现存石塔中的最早实例。首层塔身约高 3 米，二层塔高仅为底层的三分之一，再往上各层高度逐层降低。塔顶刹柱原为由鼓墩和莲瓣组成的相轮，后改为数层石莲花叠成的宝顶。整体比例匀称，造型雄健。

舍利塔最出彩的是基座和塔身上栩栩如生的浮雕。基座八面的浮雕，刻有释迦牟尼八相成道图，以极其凝练的手法艺术地演绎了释迦牟尼的一生。八图依次为：托生母胎、树下诞生、逾城出家、雪山苦行、降伏魔军、树下成道、鹿苑说法、鹤林入灭。第一层塔身体量最大，也最为醒目。

因而此层八面均采用高浮雕佛像，即普贤、文殊和四大天王像，以及二面带铺首、门钉的关闭状版门，每角还有倚柱相托，檐下横梁斜面则刻有飞天等浮雕，与敦煌石窟的相似，代表了舍利塔的艺术精华。二至五层均刻佛像，共 64 尊，构图优美，象征着千佛世界。如果仔细观察，还能在塔身上发现雕刻者的姓名，他们是王文载、丁延规、徐知谦等。遗憾的是，这些艺术家的生平已无从考证。

总的来说，栖霞寺舍利

栖霞寺舍利塔

塔是我国现存的古石塔之佳品,代表了南唐时期雕刻艺术的最高水平。它上承隋唐佛教艺术精神,下开宋元佛教艺术的先河,在中国佛教建筑史和雕刻史上地位显著。

由于它是国宝,20世纪有过4次十分严谨的维修。一次是30年代,主要是重新设计修复已经完全毁掉的塔顶,以及修补基座损毁部分;一次是50年代,复原了基座石栏杆,并安装避雷设施;一次是70年代,此次增设了铁栅护栏。这三次维修,都是经过著名建筑师刘敦桢等人细致科学地规划与实施。1993年,国家文物局再次对舍利塔组织维修,首次将以往受风化而遭雷击脱落的8块石构件恢复到原处,以增其完整性。

不禁又要提到石塔之建设者高越和林仁肇了。他们重建塔时,没有固守原来的木结构模式,而是采用了新设计、新材料、新工艺。正因为他们建的是石塔,方能使之历经包括自然的、人为的千年磨难,基本完好地保存下来。唯如此,我们现在才能一睹原汁原味的南唐石塔之风采。

录明朝文学家王世贞《题摄山舍利塔》诗一首,重温古人的怀古之情:

> 昔我闻阿育,驱神作道场。
> 如何震旦国,重见铁轮王。
> 变幻从僧语,依微尽佛光。
> 那堪事势尽,千古但苍凉。

弘觉寺塔及辟支佛塔

　　在牛首山有这么一座塔，原为佛窟寺塔，因其建于唐代，又叫唐塔，又因佛窟寺在南唐改称弘觉寺，后人又将之称作弘觉寺塔。它位于山的东峰南坡，是南京地区最大的砖塔。据方志记载，唐大历九年（774年），唐代宗李豫"感梦"辟支佛要他"修峰顶七级浮屠"，于是梦醒后敕令太子建塔。不过，现在看到的已非唐塔，而是明正统年间重建的塔。

　　弘觉寺塔，七级八面，从底层地平到塔顶覆盆高为36.65米，若再加上原有的塔刹，高度应有45米左右。塔的底层有花岗岩拼制的须弥座，上刻圭角、束腰以及上下枭混曲线，为明初形制。塔身用青砖砌筑，灰缝用石灰加糯米汁，十分坚硬。塔的外壁转角有倚柱，是由特制的子母砖固定在转角墙体内，内壁则为方形空筒。塔每面有壶门一座，4实4虚。每门顶两侧各有小窗一扇。每层则挑出雕木飞檐。它的造型典雅，风格古朴，是一座具有典型江南风格的砖木结构楼阁式塔。

　　这座唐塔，由于塔基是建在岩石之上，基础坚实，未有过倒塌或倾斜。清代中期，塔曾遭雷击。大火从塔顶烧到底层，塔内木结构悉被烧毁，仅留下塔的砖石外壳。

　　1956年，有旅行者游至牛首山，发现塔的底层可能有地宫，随即报告了有关部门。后又有传闻，说是祖堂山精神病院的几个病人，溜到了牛首山玩耍。他们在塔底蹦跳时感

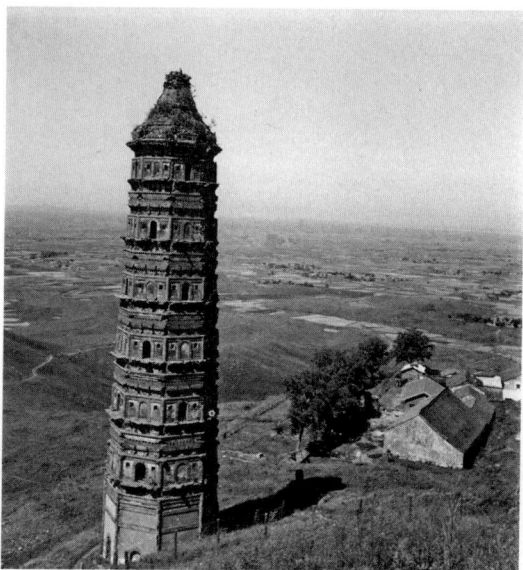

牛首山弘觉寺塔旧影

觉有回声空响，其中一人在塔旁取了一根细长草顺着底层地砖的缝隙丢下去，草不见了踪迹。大家七手八脚地挪移地砖，发现了上圆下方的地宫。不久，南京博物院组织力量，对寺塔进行了清理和发掘，有了重要发现。

在寺塔的地宫里，藏有一座明代鎏金喇嘛塔。此塔高35厘米，设壶门佛龛4个，内有释迦和韦陀造像。塔上有相轮十三天，宝盖、葫芦、刹顶皆制作精美。塔内须弥座上置一组佛像。须弥座内藏有珍珠、宝石、水晶、玛瑙、玉石等。整塔安放在红砂岩雕成的须弥山形基座上，正面凹下部位放银椁金棺，内有一躯镀金释迦涅槃铜像。方座四角各置一青花盖罐，内放灵骨、舍利等物。引人注意的是，塔底刻有"金陵牛首山弘觉禅寺永充供养"和"佛弟子御用监太监李福善奉施"题记。为此，有人认为施舍这批宝物是郑和，青花盖罐内盛装的是郑和遗骨，因为郑和的法名就叫福善。此论一出，舆论哗然。实际上，成化年间（1465～1487年）御用太监李童法名也叫福善，其活动年代与弘觉寺塔地宫置放文物的年代相吻合。如此来看，李童更有可能是这批文物的施奉者。

除了在寺塔地宫出土珍贵的文物外，文物部门还调查、整理了塔的内壁留有的题记。这些题记共计有70余条，分布在三至七层门券洞壁的石灰粉刷层上，是明清时期游人用刀或瓷片刻划的。其年代从明正德五年（1510年）至清乾隆三十二年（1767年）。从中可以看出明嘉靖、万历和清康熙年间，寺院的游人最多，香火最旺。

1997年，南京市组织力量对弘觉寺塔按原貌进行了一次大修，使其重展雄姿。2002年，弘觉寺塔被列为省级文物保护单位。

牛首山佛窟寺继建唐塔之后，又建了宋塔。此塔叫辟支佛塔，在唐塔之西的双

牛首山五层宋代辟支佛塔旧影

峰间，于北宋皇祐二年（1050 年）由崇教寺（即佛窟寺）僧德铨同郡人高怀义等建设。塔五层方形，除底层南面开门外，其他均无门窗，朴实无华。塔门左右各嵌有壁碑。左题"圣宋江宁府牛首山崇教寺辟支佛塔记"，为皇祐二年长干寺园照大师普庄所撰。右嵌两碑，分别为宋、明时期所立。1958 年，因在牛首山开采铁矿，为防止放炮时震倒塔，遂先行拆掉。拆塔时，曾出土一个石函。石函内有檀香木盒、晶体葫芦、金丝、宋人墨迹等文物。原计划是要将塔移址重建的，后因故未能付诸实施。史学家朱偰在《金陵古迹名胜影集》（1936 年商务印书馆出版）中，收有他所拍摄的辟支塔照片，并附有说明，为后人留下了历史资料。他在图片说明中感慨道："此塔出现人间，盖近九百年矣。"

而今，一个以佛文化为主题的牛首山文化旅游区，已于 2015 年 10 月落成开放。这是为供奉佛祖顶骨舍利而建设的，核心建筑为佛顶宫、佛顶塔、佛顶寺。最吸引眼球的是位于中心的佛顶宫。其总建筑面积近 10 万平方米，共 9 层，其中利用矿坑建地下 6 层，规模相当之大。宫内就是安放和供奉佛顶骨舍利的地方。新建的佛顶塔也很宏伟，高 82.6 米，为九层四面攒尖样式，呈唐代风格，与弘觉寺塔形成"天阙双塔日照"之胜境。牛首山，真可谓是旧貌换新颜。

俱往矣，录明嘉靖进士胡汝嘉《游牛首山》诗一首，以怀想：

> 屐齿破云穿古洞，酒杯邀月据禅关。
> 千林落木山容瘦，一勺寒泉塔影圆。

保圣寺塔和永寿寺塔

保圣寺塔和永寿寺塔，一个是在高淳的城区，一个是在溧水的城区。这两个城区以前是两个县的县城，而这两座塔又都是两县的地标。它们还有一个共同的特点：先有塔，再有寺，如今又都是塔存寺已无存。

先说说保圣寺塔。高淳县民间自喻有"四宝"，俗称"四方宝塔，一字街；倒栽柏树，白牡丹"。"四方宝塔"指的就是保圣寺塔。此塔相传建于东吴赤乌二年（239年），是孙权为其母延寿祝福而筑。唐贞元十七年（801年），高僧贯休于龙城山扩建寺院，取名龙城寺。塔正好立于寺院大殿的正后方。至于龙城寺最早建于何时，虽没找到出处，但肯定不会在赤乌二年。因江南第一寺的建初寺，是赤乌十年（247年）才设立的，也才有了"江南第一塔"——阿育王塔。塔之建筑流入中国，早期只是用于供奉佛舍利。由此来看，保圣寺塔也不会建于阿育王塔之前，说是赤乌二年所建，仅为"相传"而已。

中国现存古塔，多为六角塔或八角塔。而保圣寺塔呈四角形塔，形式特别，在众多古塔中比较罕见。其塔高31.5米，共7层。塔身无座，围有外廊。底层面积139平方米，壁厚1.3米，全部用青砖砌成。塔转角皆砌角柱。塔檐由下而上逐级递收，屋面翼角缓缓起戗。塔壁四面设壶门，为减少风力，门位隔层相错，可谓别具匠心。塔的宝顶，由覆钵、

高淳保圣寺塔旧影

露盘、七重相轮组成，高 6.36 米。

据有关记载，宋祥符年间龙城寺改称保圣寺，塔以寺名。后历尽劫难，寺毁塔存。又据清《重修宝塔碑记》及塔基砖铭所载：南宋绍兴四年（1134 年），邑人刘川等倡建。后在明清两代多次维修，塔方能保存下来。高淳县于 1974 年重修了塔刹，又于 1985 年对塔进行了全面大修。塔在历代修缮中尽管更换过许多部件，但主体的大多构件仍为宋代遗物。其结构与造型多具宋代风格，融合了那个时代南北方的造塔技术，弥足珍贵。如此来说，而今看到的保

保圣寺塔旧影

圣寺塔，应视为宋塔才是。保圣寺塔经过大修，可谓身姿挺拔，古朴端庄，是宋、明之间由木檐楼阁式砖塔转变为仿木结构重楼式砖塔的典范之作。

旧俗登临保圣寺塔，有"介厄避难，灵验甚众"的效应。以往仅限于本邑县令每年登临一次，以祈祝风调雨顺，保一方平安。后百姓也仿效"许愿"登塔，祈盼生活美满。而今，政府已将保圣寺塔处辟作塔园。塔园占地 4700 平方米，内中建有六角亭及云龙阁等建筑。园内设南北文化长廊，陈列着百余件高淳历代碑记和石刻。游人至此，可感受文化休闲的乐趣。1982 年，保圣寺塔被列为省级文物保护单位。

永寿寺塔位于溧水县城西北秦淮河畔。据史料记载：明代"知县徐良彦以形家言（指"县城"）东南山皆环合，独西北无山，乃建塔以补缺"。由此可见，它最初是一座风水塔。同时可知，此塔不再是单纯供奉舍利的建筑，已具风水等多种功能。

永寿寺塔，始建于明万历三十四年（1606 年），次年落成，距今已有 410 余年历史。这是一座仿密檐仿楼阁式砖塔，七级八面，坐落在约 1 米高的白石须弥座上。塔身以大砖砌成，胶以糯米石灰；每层八隅皆立有砖砌圆柱，直径为 28 厘米，主体结构十分坚固。塔内平面为四方形，

溧水永寿寺塔旧影

中空，原有楼梯可供登临眺览。底层四面辟门，另有四面为装饰性假门。每门两侧各有一对砖雕金刚，现存 13 块。每层顶部均有砖雕装饰性斗拱，砖木结构的外檐。檐头挑起处挂有风铃，随风叮当作响。

永寿寺塔，初名永昌，后敕改永寿，并在塔外建永寿寺。清顺治五年（1648年），永寿寺已有僧众百人，成为溧水第一大刹。清康熙四十四年（1705年）寺遭火灾，渐圮。后由寺僧寿山募修。乾隆元年（1736年），寺塔损坏，邑民肖克宏合众重修。晚清时，寺及塔再毁，仅存塔的砖构部分。它经历了数百年风雨侵蚀，又屡遭大火，虽遍体鳞伤，塔刹无存，但依然矗立于县城外之秦淮河畔，成为溧水的地标。

1999 年 6 月，溧水县集资重修永寿寺塔。重修工程以不改变原貌为原则，凡属原物全部保留，保持了明代建筑风格，于次年 5 月完成。重修前，经测定塔身残高 32.89 米；重修后塔通高 43.42 米。2001 年，溧水县再次对塔进行了维护修缮，辟出塔园，并将溧水县博物馆迁至塔园内。

永寿寺塔与保圣寺塔一样，也是省级文物保护单位，获准于 2002 年。

方山定林寺塔

　　江宁方山，海拔 209 米，因是远古的火山口，山体呈方形，犹如欲盖苍天的一方印章。据《丹阳记》载：其"形如方印，故名方山，亦名天印矣"。方山脚下，为秦淮河两源汇合之地。旧传，秦始皇为灭金陵"王气"，择地"断金陵长垄，乃方山也。"

　　历史上的方山，道教、佛教兴盛。其东有东露寺，南有洞玄观，西有宝积庵，北有定林寺，山顶有海慧寺。这些古寺庙建筑大多已不复存在，空有遗址，还有洗药池、炼丹井、石龙池、七字锣等古遗迹。然而有一座塔，历经了几百年的风雨，也经受过无数次战火锤炼，依旧如定"山"神针一般屹立不倒。此乃定林寺塔也。

　　相传，南宋乾道年间，有来自秦地的高僧善鉴择方山结庐修行。方山与钟山相距约 15 公里，一南一北，在一条中轴线上，遥相呼应。善鉴十分敬仰南朝时期的钟山上定林寺，请"上定林寺"额于此创寺，同时修建了定林寺塔。而钟山上定林寺并无塔的记载。善鉴在方山建塔，是向 600 多年前的钟山上定林寺致敬。他还在山崖为禅宗始祖达摩立偃坐之地，称作"达摩崖"。因南朝时达摩来到建康，坐禅的第一个道场就设在钟山上定林寺。此外，善鉴对南朝文化也颇有喜好，曾收集了齐武帝景阳宫中的一口古钟，移入定林寺内。清人陈文述曾有诗咏提及此钟："记取君王旧姓萧，娥娥粉黛劫灰销。楼台烟雨苍茫甚，一杵钟声动六朝。"据明顾起元《客座赘语》卷九"诸寺奇物"条云："方山定林寺有乳钟，即所称景阳钟也。钟有一百八乳，乳乳异声，故名乳钟。又有象皮鼓，云是所鞔者。"又据《金陵梵刹志》记载：明代"相传有勋贵取去，叩之，无声，返寺，如故"。想来乳钟还真有灵气，离开了寺院竟然叩无声。此钟后来或毁或不明去向。整个寺庙亦几毁几建，终成废址，唯寺塔挺立。

　　定林寺塔，七级八面，高约 14 米，为仿木结构的楼阁式砖塔。塔身用砖砌成仿木结构的柱枋、斗拱。底层及二层，塔壁明显厚于其他各层。二层以上每层围有叠石砖出挑的短檐、平座、檐角，并就地取材用火山

方山定林寺塔旧影

石制作角梁,既减轻重量,又易加工耐用。底层及二层内为方形,三层以上则为圆筒形。底层仅南面开门,其他各层为四面开门。底层中央原有石雕须弥座,东、西、北三面有佛龛。由此可见,此塔专供奉佛像,未设梯可登。此塔经岁月风霜的侵蚀,又历遭兵燹之灾,塔顶、塔刹、腰檐均遭损坏。令人惊叹的是,由于受地质及外力作用,塔身已明显向西北倾斜,摇摇欲坠,而又古色苍然,成了叹为观止的方山斜塔。

其实,国内也有不少知名的塔已出现倾斜现象,例如苏州的虎丘塔、陕西的旬邑泰塔、辽宁的绥中塔、上海的护珠塔、广西的左江塔、山西的应县木塔、北京的玲珑塔等。只不过,它们的倾斜度有限,而方山斜塔就不一样了,倾斜度已经达到了7.59度。要知道,即使是世界著名的意大利比萨斜塔,其倾斜度也仅为4度。从技术层面来说,方山斜塔的倾斜度已接近了临界线,因为如果超过了8度,塔就会倒塌。

由于方山的定林寺建筑已废弃,斜塔便格外被大众所关注,并被列为省级文物保护单位。1974年,市文物部门对定林寺塔作过一次整修。2003年,文物部门会同建筑专家又对塔进行了一次抢救性维修,成功地将其倾斜度降低至5.35度。此外,还将塔身以钢板捆绑、用钢索牵拉,以加强其稳定性。尽管经过"纠偏",定林寺塔仍比萨斜塔还要"斜"许多。新华社等众多媒体都做过报道,称定林寺塔为"世界第一斜塔"。

2005年,方山定林寺重建开放。方山斜塔又有了新的寺主。古老的砖塔和新建的寺院相得益彰,恭迎八方来客。

天隆寺塔林

　　明万历四十二年（1614年），律宗中兴始祖、古林寺方丈古心律师圆寂。其"全身塔于天隆寺后之玉环山"上。

　　古心律师是于明万历十二年（1584年）来到南京，驻锡古林庵的。他的到来，正值佛教律宗衰微，法系传承几乎断绝之时。作为律宗的第十三代传人古心，将古林庵扩建为颇具规模的古林寺，设立戒坛，传授戒法，成为振兴律宗的一代始祖。律宗强调的是禁戒纪律，要求极为严谨。精于律宗、善于讲解禁戒的僧人被称之为律师。古心律师有法嗣十二人。诸师按席分灯，赴各地弘扬律学：莲宗相律师命往南京天隆寺；大会海律师命往北京悯忠寺；中堂正律师命往古祥寺；汉月藏律师命往邓蔚山圣恩寺，复往钟山灵谷寺、常熟三峰寺、武林灵隐寺；三昧光律师命往扬州石塔寺，后往宝华山隆昌寺；澄芳清律师命往鼓山涌泉寺；茂林祇律师命往苏州报恩寺；金刚福律师命往广陵福田院；蕴空馨律师命往三义寺；大圆昙律师命往云凤山香水寺；隐微理律师命受古林；印含璞律师逊受古林。

　　莲宗相律师命往的天隆寺，位于南京南郊石子岗上，现属菊花台公园，始建于明初，原名极乐庵。明宣德年间，寺僧弘升奏请赐额"天隆极乐寺"。据乾隆元年（1736年）七月二十六日寺庙册籍，计江宁所属十二寺，天隆寺名列第三。清咸丰年间，寺院大部分毁于战火。同治、光绪年间稍加修葺。现存山门、大殿、僧寮20余间，以及明永乐年间所凿玉乳泉。

　　自从古心律师全身塔建于天隆寺后的玉环山，"命受古林"的隐微理律师、"逊受古林"的印含璞律师，以及"命往天隆寺"的莲宗相律师圆寂后也建塔于此。此后，古林寺历代祖师大多葬在这里，成为古林寺律师的墓园，被称作天隆寺塔林。据有关史料显示，天隆寺塔林曾有大小墓塔50余座。

　　天隆寺塔林的墓塔，与供奉佛舍利的寺塔不一样，其是安置僧人舍利、经文和各种法物的僧塔，高仅2米上下，大小不一，为四面或六面形石刻。

天隆寺塔林旧影

整个墓塔，分塔基、塔身、塔顶等数段，投榫堆砌而成。有的塔身呈腰鼓形。石刻的花卉、动物等纹饰均为高浮雕，雕刻精美，线条自然细腻，不拘一格，是明清雕刻艺术风格的完美表现。

南京除天隆寺塔林外，还有几处寺院的塔林。例如，栖霞寺就在山中建有塔林，并为民国时期重兴栖霞古寺的宗仰上人专门设立了墓塔。又如，钟山永慕庐西北侧万福寺的遗址，至今保留着一个塔林。这是1993年中山陵园文管部门将散落的石塔构件收集、复原的。现修复的有4座石塔，分别是万福寺始祖端如方公、十三世宝霞熙公、十四世海谷基公、十五世之然介老和尚的灵塔。再如，东晋始建的大紫竹林寺遗址，至今尚留明清塔林1处等。近两年，有人先后在青龙山上、南师大紫金校区内新发现散落的僧塔构件。经考证，一为明代天宁寺墓塔的残剩物件；一为明代佛国寺的民国墓塔构件。而在南京所有的寺院塔林中，天隆寺塔林的规模最大。

由于天隆寺所在的玉环山，地处南京的南大门，寺院连同塔林历经战火磨难，清咸丰年间毁坏尤为严重。民国时期，塔林仅存不到20座墓塔。1958年因兴修水利，塔林不免受损。"文革"时，剩余的墓塔多有毁损，幸存的石塔构件已屈指可数。

修复后的天隆寺塔林

  1982 年，南京市开展文物普查，清查并整理出天隆寺塔林的残余墓塔构件。其中塔身有碑文的共计 7 件。幸运的是，古心律师的墓塔就在其中。其碑文为："传南山正过第十三世大明诏启皇坛传戒钦赐珠衣中兴律祖赐号慧云古心馨公大和尚之塔古林堂上开山第一代"。其他的还有"大明赐紫承先启后"隐微理公律师，"大明清两朝恩施"卯含璞公，"古林堂上第十八代上信下关"智公律师，"传南山正宗天隆寺堂上重兴第二代"安龙锡公律师，"天隆监院上梵下行"广公律师等。

  1986 年，"古心馨公""卯含璞公""安龙锡公"三位祖师的墓塔得以修复。1997 年，又新增了一座古林方丈融通大和尚的墓塔。古老的天隆寺塔林，而今在佛肚竹、湘妃竹、女儿竹、人面竹等百种翠竹的映衬下，重现生机。

玄武湖诺那塔

藏传佛教大师诺那呼图克图

在玄武湖的环洲，有一个公园的标志性建筑——塔。塔的西侧是一座庙堂。这组建筑为诺那塔及莲花精舍，建成于民国二十六年（1937年），是为纪念藏传佛教大师诺那呼图克图而筑的。

诺那呼图克图（1865～1936年），法名逞列匠措，西康思远（今昌都）人，幼年被诺那寺选为呼图克图转世灵童，7岁就任活佛，法号嘎纳。呼图克图，蒙语音译，意译为圣者，是清康熙帝对章嘉法师的封号。章嘉法师是唯一被封为国师的藏传佛教领袖，代为掌管清朝在内蒙古的一切事务。诺那呼图克图承上启下，亦内附于清政府和国民中央政府，走政、教合一之路，曾于民国初期力阻英国要让西藏"有完全自治权"的企图。他先后担任过西康建省委员会委员、国民党中央候补委员、中国菩提学会副委员长、中国佛教协会监察委员、中国佛学会名誉理事长等职，并获准在南京、重庆、成都、康定四地设立办事处。民国十八年（1929年），他抵达南京，被任命为蒙藏委员会委员、立法院立法委员。他在南京生活了8年，熟练地掌握了方言，向当地群众传授佛法，使"受法者如坐春风，如饮甘露"。他去世后，国民政府在给西康省《诺那呼图克图褒扬令》中，追赠诺那为"普佑法师"。诺那呼图克图驻京办事处呈文南京市政府，请求"在玄武湖环洲洲头建筑塔庙，以资永远纪念"，并很快获得市政府批准。该项目于民国二十五年（1936年）由诺那弟子、国民政府元老柏文蔚等筹资破土动工，次年建成。

诺那塔位于环洲东北处，南与白桥相近，借钟山之背景，建设得别具匠心，为玄武湖景色平添了几分俏丽。此塔为九级六面，高约15米，

玄武湖诺那塔及喇嘛庙旧影

钢筋混凝土结构。塔身白色细长，塔檐置绿色琉璃筒瓦，仿唐宋风格，形制古朴，挺拔高耸。塔底层六面，其中四面镌刻碑文，系国民党元老居正撰书的《普佑法师塔碑铭》。其碑的文首为藏文"诺那传"。碑文计2114字，详细地介绍了诺那大师的生平。塔内未设楼梯，仅有1根石柱，内部陈设着诺那法师的舍利，供奉着诸佛菩萨。

莲花精舍，民间俗称喇嘛庙，是南京唯一的喇嘛庙。它面阔三间，进深两间，砖木结构，单檐歇山式殿堂。喇嘛庙堂门前有仿古丹墀。丹墀东侧墙角嵌有碑石一块，上书："中华民国二十六年三月二十七日——诺那师佛纪念塔庙奠基——弟子柏文蔚等敬立"。丹墀台阶下有花岗岩青色石马1对，造型一致，雕刻精细。

诺那塔、莲花精舍几经危机，又都化险为夷。新中国成立初期，曾拟将其拆除。蔡元培之子蔡无忌闻讯后给市长刘伯承写信，引用毛主席关于对宗教的保护政策，请示保护。经刘伯承批示，塔、庙才未被拆除，只是殿内塑像、设施等未加保留，并被改建为文化俱乐部。"文革"中，塔、庙再遭危机，其精舍被改作宿舍，好在塔的碑文被水泥封闭，得以保存。那时候，游人至此，不知所然。

1994年，诺那塔、莲花精舍得以修复，并由台湾圆觉宗智敏、慧华金刚上师教育基金会出资，辟为"玄武湖诺那佛师纪念馆"。

小九华山三藏塔

　　三藏塔，位于小九华山顶。小九华山，海拔 61 米，因山形似倒翻的船体，古称覆舟山，曾先后改称真武山、龙山、玄武山等，清末其南麓建有地藏寺，供奉着地藏菩萨，于是人们参照安徽九华山的地藏菩萨道场，将其呼之为小九华山，简称九华山。小九华山因地理位置重要，战乱时期与其东面的龙尾坡（今富贵山）同为军事要隘，乃兵家必争之地。明代建城墙时，在隘口设太平门，祈求太平。此山西接鸡笼山，北邻玄武湖，山水清幽，风光绮丽。自东晋始，山上相继建有青园寺、法轮寺等；六朝时期为皇家后花园，曾设上林苑、北苑、乐游苑，建有甘露亭、阆风亭、瑶台等名胜。李白《鼓吹入朝曲》诗中"朝罢沐浴闲，邀游阆风亭"，即咏此处风景。隋唐时期以来，小九华山景色依旧，但繁华不再。

　　民国三十二年（1943 年），在小九华山的山顶建起了一座三藏塔，供奉着唐代高僧玄奘的顶骨舍利。玄奘生前并没来过南京，其顶骨舍利怎么会在南京供奉呢？

　　玄奘（602 ～ 664 年），法相宗创始人，曾跋山涉水赴西域取经，被尊为"三藏法师"，与鸠摩罗什、真谛并称为中国佛教三大翻译家。据史料记载，玄奘圆寂后，他的遗骨被安放在陕西蓝田灞、浐之间的白鹿原。后唐高宗李治下令将其遗骨移至樊川兴教寺墓塔内。唐广明元年（880 年）因黄巢起义，兴教寺被毁，其遗骨又辗转至终南山紫阁寺五重塔供奉。北宋初年，该寺亦已荒圮。端拱元年（988 年），金陵长干寺僧释可政住持来到终南山，在紫阁寺废墟中发现了玄奘顶骨，当场哭倒，遂将其背回南京，在长干寺东冈建三藏塔供奉之。之后，玄奘遗骨有过两次迁葬。一次是元至顺三年（1332 年），天禧寺（前长干寺）僧广演发掘重葬。一次是明洪武十九年（1386 年），天禧寺住持释守仁等人在天禧寺东冈重建三藏塔，加以供奉。明永乐六年（1408 年），天禧寺殿宇遭火灾毁于一旦，三藏塔幸免于难。永乐十年（1412 年），朱棣在天禧寺旧址上兴建大报恩寺及九级琉璃宝塔，并在三藏塔前建造三藏殿。据清人凌大德所绘《大报恩寺全图》显示，三藏塔位于大报恩寺东院，禅堂正殿后面的土山上，呈喇嘛塔形。太平天国时期，大报恩寺和塔，以及三藏塔被毁，三藏殿有一部分幸存。玄奘顶骨从此湮没于地下。

民国三十一年（1942 年）冬，侵华日军高森部队在三藏殿后建造稻荷神社，意外发现三藏塔地宫。地宫内石函上文字说明是唐玄奘遗骨，及其辗转迁至南京的经过。日寇随即将周围全部封锁，并连夜对地宫进行发掘，盗取唐玄奘顶骨，以及金质佛像、纳骨小龛、银锡制盒、黄铜佛器、玉饰珠宝、古钱币等文物，企图劫往日本。次年2 月 3 日的《民国日报》将这一盗窃罪行披露，当即引起了南京市民和全国佛教徒的严重抗议。

三藏塔旧影

迫于强大的社会舆论压力，经与日方交涉达成协议，中方接管了唐玄奘顶骨及文物，并将其顶骨舍利分为三份：一份在南京小九华山建三藏塔供奉；一份存文物保护委员会；一份由当时的北平佛教界迎至北平供奉（后被日方掠走一部分）。

小九华山上的三藏塔，五级四面，为方形楼阁式青砖塔，系仿唐代西安大雁塔之形制。塔下有 4 个拱门，南门塔壁上镌刻着"三藏塔"字样。底层正中的须弥座上有一正方形石匣，边长 0.6 米，高 0.45 米，上刻"玄奘法师灵骨"6 字。塔身的青砖，由施主捐助集成，并在每块砖上刻施主的名字。塔基的两侧，分别撰文立碑。左碑详述玄奘法师取经功绩；右碑记载玄奘法师取经的路线。碑上的图文曾被磨去，一度成为无字碑，后又修复了其中的兽头和取经图。

2001 年，小九华山开始重修寺庙，并于 2003 年建成开放，命名为玄奘寺。玄奘寺在三藏塔之下。寺、塔之间立有一尊玄奘全身负笈青铜塑像。塑像高 4.5 米，重 3.5 吨，是亚洲最大的玄奘生活原型铜像。塔、像、寺三点一线，若隐若现，仿佛玄奘大师而今留影存真。

鸡鸣寺药师佛塔

1990年4月，鸡鸣寺药师佛塔落成。时任中国佛教协会会长赵朴初为其题写了"药师佛塔"的塔名。这也是新中国成立以来南京建设的首座佛塔。

药师佛，全称"药师琉璃光如来"，又称"大医王佛"，大乘佛教的佛名，为"东方净琉璃世界"教主。所谓东方琉璃世界，无比的清净光明，类似于西方极乐世界之说。《药师经》说他曾发十二大愿，帮助众生医治病苦，消灾延寿，满足众生一切愿望。

有史料表明，药师佛塔是鸡鸣寺历史上所建的第五座佛塔。这是基于鸡鸣寺的前身为梁大通元年（527年）始建的皇家寺院同泰寺而定义的。当年梁武帝萧衍在建同泰寺的同时，建了座九层佛塔，曾崇丽一时。此为第一座塔，后遭雷火而焚毁。大同年间（535～546年），梁武帝发愿重建一座十二层的佛塔，岂料佛塔尚未完全竣工就遭遇到了侯景之乱。侯景入城后，寺及塔毁于战火，成为废墟，此为第二座塔。第三座是牛

鸡鸣寺

156

头宗初祖法融大师塔。据《牛头山法融传》载：唐显庆二年（657年）闰正月二十三日，法融寂灭于金陵建初寺，年64岁，二十七日葬于鸡笼山，会送者一万余人。又据刘禹锡《牛头山第一祖法融大师新塔记》载：唐大和三年（829年），润州刺史李德裕有感于法融旧塔比较简陋，"龛座未饰"，发愿为法融造新塔，乃出己月俸计20万钱，召命上元县令如符造塔。历三月，新塔告成，"事严而工人尽艺，诚达而山神来护"。第四座为宝公和尚塔。据《金陵梵刹志》载：洪武十八年二月，敕建鸡鸣寺，崇山侯李新奉命督工，尽拆普济禅师庙故宇旧舍，加以拓展扩建，并将灵谷宝公法师遗物迁于此山，造五级砖塔，名"普济塔"。其遗物入金棺内。金棺长约5寸。塔前设祭堂，每年按时祭祀。第五座就是这座新建的药师佛塔了。

　　需要说明的是，据现在考证，同泰寺并非是鸡鸣寺的前身，只是两寺地址相邻而已。如此说来，倘若将葬于鸡笼山的法融大师塔计算在内，药师佛塔应该是鸡鸣寺的第三座佛塔。只是，前两座塔已无踪迹，尤其是法融塔也没留下图景资料。不过，现在仍可以在《金陵梵刹志》中"鸡鸣寺次大刹"图、明《金陵四十景善册》之"鸡笼云树"图、清《康熙南巡图》之"鸡笼山观象台"图、清《乾隆江南行宫彩绘图》中"鸡鸣山"图等资料中，一睹普济塔的风姿。据史料记载，康熙二年（1663年），普济塔毁，俱重修，并易山门。康熙四十六年（1707年），康熙帝第六次南巡时，由曹寅陪同访鸡笼山观象台和鸡鸣寺，御题"古鸡鸣寺"四字。曹寅为之刻石立碑，还集资修葺了大殿和宝塔。康熙五十年（1711年）正月二十六日，作《重

鸡鸣寺新建的药师塔

葺鸡鸣寺浮图碑记》。咸丰三年（1853年），太平军进攻南京，鸡鸣寺毁于兵火，塔遂没。同治、光绪年间，复建鸡鸣寺，因国力衰微未再建塔。

而今新建的药师佛塔，七级八面，高44.8米，斗拱重檐，铜刹筒瓦，内梯外廊。塔内供有25尊药师佛像：底层中央供一尊由北京雍和宫相赠的明代铜质药师琉璃光如来佛。从第二层起，每一层中央都供着4尊樟木雕药师佛像，各置于明代金丝楠木雕刻的精美佛龛内。沿木梯登至塔顶，可观南京全景。塔檐上共挂72个风铃。塔顶矗立着重5吨、高11米的青铜塔刹，在阳光的照耀下，佛光溢射四方，寓国泰民安和为众生消灾延寿之意。鸡鸣寺药师佛塔已成为现在南京城东的地标之一。

佛窟与其他篇

牛首山佛窟及摩崖石刻

　　佛窟，最初是僧侣们在山中凿窟，在窟中刻塔、刻像、拜佛修行和居住的场所。其传入中国后，逐步扬弃了其中的居住功能，以适应本土僧众的生活习俗。通常是先建寺院，有条件的再修凿与寺院配套的佛窟。

　　而牛首山的佛窟比较特别，是先有佛窟，再建寺院的。相传南朝刘宋年间，有主持迁移郊坛事务的官员在游牛首山西峰时，看见一位僧人在石窟中趺坐，便上前询问。而僧人瞬间消失，仅留下锡杖、香炉、瓶、盂等器物。由此传出辟支曾在这个洞窟中居住，并"立地成佛"。此洞窟也就成了辟支佛的坐禅之地，被称作辟支洞。至梁武帝天监二年（503年），司空徐度在石窟旁建了一座佛寺，就取名叫佛窟寺。

　　应该说，牛首山上最古老的遗迹，便是西峰下的这个辟支洞了。辟支，梵语音译，全称为辟支迦佛陀，译成汉语的意思是"缘觉""独觉"。《大智度论·十八》云："辟支佛有二种：一名独觉，二名因缘觉。"所谓"独觉"，是说在没有师友的教导下，全靠自己的觉悟而成道。所谓"缘觉"，则是因观飞花落叶等自然现象或十二因缘，明晓了和合之理而开悟证道。

　　当时，也有高僧被尊喻为辟支的。至于在牛首山辟支洞趺坐的辟支，究竟是来自西域的辟支佛，还是哪位已"缘觉"或"独觉"的高僧，就不得而知了。

　　牛首山的东峰也有洞窟。有一洞名文殊洞，相传是文殊菩萨讲授经文的地方，又有龙女送水、双虎爬得山泉等神话传说。实际上，这是一个天然形成的石龛。唐咸通五年（864年）丁遵等为此洞立碑、樊文蕴撰文，称之为"虎爬泉"。洞内原有碑刻8块，现仅存1块。文殊洞的东上方还有一洞，叫观音洞。洞前依崖悬空筑观音阁。此建筑玲珑精致，"飞阁逶迤，下临无地"，惜在南京沦陷后被日军所毁。

　　从观音洞再往上是兜率崖。兜率崖处于牛首山东峰之阳，有石磴盘旋而上，旧有石垒浮图，现已荡然。所谓兜率崖，又名舍身台，相传为唐代慧能法师逃生之处。这里面有一个比较复杂的佛学历史故事，叙述

牛首山摩崖石刻旧影

起来会占很长篇幅，只能简言告之：相传达摩渡海由广州经建康入魏，创立禅学，亦称"静虑"。"静虑"传至第五代弘忍，世称五祖。五祖有门徒千人以上，要从中挑选法嗣人。神秀坐五祖门徒的首席，又很强势，以为非他莫属。而五祖偏偏相中的是慧能，将接班的衣钵托付给他，让他悄然离开，以免节外生枝。神秀不肯罢休，派人四处搜寻，一直追到慧能修行的牛首山。慧能出于无奈，只得从牛首山舍身台跳崖出逃，并带着衣钵前往广州弘法。自此，神秀在北方传布"渐教"（即渐悟），慧能在岭南传布"顿教"（即顿悟），致使禅宗分为南北两宗。慧能的"顿教"，主张"心中有佛便能成佛"，以为"如果人人都能上西天，西天岂不人满为患"。郭沫若认为，慧能是唐代著名的唯心主义宗教哲学家，点评道："慧能过人处，不愿上西天。"

兜率崖前，便是摩崖石刻了。石刻呈"几"字形，布在三面岩石的石壁上。正窟面遥对着祖堂山的献花岩。石刻包括佛像、题刻等。其中的佛像雕刻在五座佛龛内，共计129尊。石壁正中的一佛龛，仅雕了一尊高1.78米的释迦牟尼像，结跏趺坐在高0.39米的仰覆莲须弥座上。其他四佛龛内雕像的数目不等。主佛龛的东西两侧约3米处各有一龛。东佛龛内雕像数量最多，有75尊像，分布于上下九层。最底层为环立武

牛首山摩崖石刻旧影

僧，其他皆为盘膝打坐的修士，绝大多数已损坏。西佛龛则雕凿在侧壁上，龛内的人物、内容与东佛龛相仿。西佛龛的下端，还有一个小佛龛。龛内凿0.45米高的弥勒像1尊，造型好于其他诸像。在主佛龛外的左右两壁上，刻有牛首山敕赐弘觉禅寺所属寺范围等文字，字迹已模糊不清。西侧小佛龛外的石壁则刻有题记。佛龛的两侧还有不少梵文，以及明景泰元年（1450年）所刻《题感应泉诗》一首。感应泉，又称罗汉泉、地涌泉，就在刻"诗"对面的岩下。从艺术风格来看，摩崖石刻应为明代遗物，已被列为省级文物保护单位。

而今，牛首山新增了佛顶寺、佛顶塔、佛顶宫，以崭新的佛文化旅游区形象对外开放。游人在游览新景之外，不妨也在山中探寻辟支洞、文殊洞、摩崖石刻等古迹，相信会有不一样的收获。

录南宋官人韩元吉《同叶梦锡赵德庄游牛首山》诗一首，共品牛首山佛窟之韵：

> 不辞扶病触春寒，及此新晴一日闲。
> 云外经年见双阙，马头乘兴数前山。
> 清泉细酌巉岩上，佛窟同探紫翠间。
> 我亦无心话禅悦，衔花百鸟自飞还。

栖霞山千佛岩

　　南齐永明元年（483年），隐居摄山的明僧绍舍宅为寺。次年，住持法度与明僧绍的儿子明仲璋合作，在栖霞寺东北角的凤翔峰西南麓开凿三圣殿，以纪念之。据传，明僧绍生前曾梦见山的西峰石壁有如来佛光，立志要在此岩壁上开凿石像。其子明仲璋和法度此举，亦是为完成其夙愿。

　　三圣殿镌刻的是无量寿佛及观音、势至菩萨三尊佛像，合称西方三圣，故名，又俗称大佛阁，还因主佛为无量寿佛，称作无量殿。无量寿佛连底座在内高9.31米，两侧侍立的观音、势至菩萨均为6.81米，体形硕大，神态颇似云冈石佛。现在还可以看到三圣殿前的左右各有两尊3米多高的接引佛，是隋代所造，雕刻也很精致，原在舍利塔前，民国时移至现位置。

　　三圣殿佛像的设计者，是齐梁时著名的高僧僧祐。僧祐（445～518年），俗姓俞，原籍彭城下邳（今江苏睢宁西北），生于建康。他在14岁时投定林寺法达、法献门下，受戒后又受业于建初寺法颖，钻研佛学20余年，著有《出三藏记集》《弘明集》《释迦谱》《世界记》等，取得一代律学宗师的地位。其门下弟子多达1万余人。永明年间，他奉敕前往三吴地区宣讲《十诵律》、说受戒之法，并将所得布施用于修治建初、定林等寺。他还在建初、定林两寺营建般若台造立经藏，开中国佛寺收藏佛教典籍之先河。他不仅律学造诣深厚，而且还精通工艺技术。除了栖霞寺千佛岩三圣殿造像，光宅寺高九丈的无量寿佛铜像也是他的杰作。此外，他还奉敕监造剡县（今浙江嵊州）石佛等。他是在建初寺圆寂的，葬钟山定林寺塔林，由弟子正度立碑，刘勰撰文。

　　千佛岩三圣殿建成后，发生了一件事情：三圣像佛龛上出现了佛光。此景象轰动京城，传为佛祖显灵。皇室贵族包括齐文惠太子、豫章文献王、竟陵文宣王、始安王、江夏王等，竞相捐资，在那里依山凿石造像。视财如命的梁临川靖惠王萧宏，舍不得自己掏腰包，竟挪用公款营造石窟。所凿佛像，或五六尊一龛，或七八尊一室，或二十余尊一殿堂，逐成石窟群，被后人称作千佛岩，又名千佛岭、千佛崖。

千佛岩三圣殿旧影

千佛岩凿窟造像工程，至梁中大通二年（530年）告一段落，历时46年。造像的位置可分两大块。一块为底层环绕三圣殿的石窟群，一块在山顶纱帽峰一带。唐宋以来，这两处均出现不少名人题名题刻，例如，南唐徐锴的题名石刻、宋代游九言所书“古千佛岩栖霞寺”楷书等。

关于千佛岩的保存和修葺情况，唐宋元时期已难有史料查考。至明代，补凿佛龛之事纷起。有关修葺的题记有六七处之多，且都在万历年间。这些补凿佛龛工作，主事者多为太监，其中也有新凿的佛像。在三圣殿东侧有一佛龛，格外令人瞩目。其龛额题作“石匠殿”。龛内有一位一手握锤、一手执凿的石匠雕像，形象很酷。石匠为何能入佛龛呢？在《重修栖霞寺记》中，记有一名叫王寿的石匠事迹。他从万历二十八年（1600年）至三十四年，一直和石工们在千佛岩从事修葺工作。他技术精湛，认真勤奋，不仅修葺到位，还能设计新的佛龛，因此名声遐迩，被载入志中。据此可以推断，“石匠殿”的主人应是王寿的石像。

到了民国时期，千佛岩已逾千岁，因其石质属石英砂岩，本身就易于剥落风化，加之屡受战火的破坏，实已惨不忍睹。面对此况，栖霞寺住持若舜发下宏愿，要用毕生精力长久保存佛像。民国十四年（1925年），他开始着手用当时最先进的材料（水泥）修补佛身，前后耗费了两年时间，将全部造像修缮一新，并为之"施唇以朱，画眼以墨"。若舜法师的这一壮举，显然是用科学的新材料做了极不科学的事，使得佛像的面目全非，完全失去了艺术价值，也终止了有关人员对石佛造像的研究。不过，凡事都有正反两个方面。"文革"时不少佛像受损，然而伤的是水泥身，"真身"却安然无恙。这倒是应了若舜法师的宏愿。

吴江佛学会成员在千佛岩留影

为了还原千佛岩的佛像，有关专家一度尝试将佛身的水泥剥离，未获成效。可喜的是，近几年随着科技的发展，佛像的水泥剥离工作有了新的进展，使其恢复原貌成为可能，也为对其作全面研究创造了条件。东南大学出版社 2011 年出版了《中国佛教美术发展史》，就是基于"剥离工作"的成效而研究的成果。文中从造像分期、造像题材、造像元素、风格渊源四个方面作出研究，给予栖霞山石窟很高的评价。

也许有人会问，作为千佛岩，究竟有多少尊佛像呢？现代有过几次统计，数据不一。最新的一次统计是在 2000 年，有关专家用了 1 个多月时间做了详细的调查。其结论为：原有石窟佛龛 265 个，现存 254 个；原有石像 704 尊，现存 532 尊。此外，在两处不起眼的龛内，还发现稀见的南朝飞天壁画。今再访千佛岩，不妨亲身体验一下，数一数佛像，寻觅飞天壁画，也别忘了到"石匠殿"前，给勤劳智慧的石匠们送上美好的祝愿。

录明嘉靖进士王世贞《千佛岩》诗一首，以作结：

> 仲璋感先志，诸王贪夙因。
> 雕锼惭伎俩，刊削减嶙峋。
> 千佛本非佛，一身犹幻身。
> 云门拈出后，黄面少精神。

幕府山佛窟及严山十二洞

  幕府山，位于南京西北郊的长江之滨，西起上元门附近的老虎山，东至燕子矶，呈东北至西南走向，全长约 6 公里。其最高峰叫北崮山，偏向南侧，海拔 204 米。其北侧有两峰，夹涧对峙，分别高 186 米、130 米，合称夹骡峰，或称夹箩峰、翠箩峰。自夹骡峰之东北到燕子矶之西，即幕府山的东北角较低的山峦，叫直渎山，俗称严山。

  幕府山名称的由来，据宋《景定建康志》和元《至正金陵新志》记载：因"晋丞相王导建幕府于此山，因名山焉"。其实，这是张冠李戴了。据当代学者考证，幕府山原名直渎山。而王导所建幕府是在莫府山（今下关车站附近的郭家山一带）。因莫府山仅是 20 来米高的小丘，不知怎么一来，有人就将"莫府"（古汉字"莫"与"幕"相通）转嫁到了"直渎"头上。也就是说现在的幕府山，与王导建幕府一点关系也没有，是古人以讹传讹而已。

  不过，幕府山倒是与另一个重量级人物关系密切，并因之而名扬。这个人，就是后来成为中国佛教禅宗初祖的高僧达摩。想当年，达摩应梁武帝之邀来京城，又因与其无法契合不辞而别，就是在此山下"一苇渡江"的。梁武帝得知达摩离开后心生悔意，曾骑骡追赶。他追到幕府山，两侧山崖相向扑来，将他乘骑的骡子夹住，形成了夹骡峰，致使其到此为止。另有一种说法：达摩骑骡夜奔，至幕府山被山崖夹住坐骑，无法前行。他弃骡来到江边，"折芦为舟"，北渡而去。总之，达摩是在这里渡江北上的。

  据地质学家分析，幕府山一带地壳在三叠纪后期发生过运动，形成斜穿地层走向的横断面，并留下一条幽幽小道。所谓"夹骡峰"的传说，正是与自然形成的地貌相吻合的。又由于山体是由白云岩和石灰岩组成，天长日久发育为岩溶地貌，形成了众多溶洞。

  在这些溶洞中，最著名的数达摩洞了。相传达摩离开同泰寺，要执意北上。他来到幕府山，为时已晚，便找了个溶洞休息。直到梁武帝坐骑声传来，他才离洞至江边，"一苇北渡"。梁武帝因坐骑陷在夹骡峰前进不得，又远远看到达摩施展"折芦为舟"的佛法，愈加懊恼，指着那个溶洞连呼"达摩洞"，达摩洞由此而名。据说，洞中曾塑有一尊达摩金身，早已无踪迹。不过，洞中至今尚有一石，酷似达摩身影，极具传奇色彩。此洞堪称达摩佛窟，乃为清绘"金陵四十八景"之一。

幕府山的溶洞，相对集中在东北角的严山。清末文人阮宗瑗曾留下《游燕子矶沿山诸洞记》。在"游记"中，给游览的十二个洞取了名，分别是仙源、上台（即头台）、鳌鱼、中台（恐为二台）、石床、莲台、水帘、三台、天台（又称真武洞）、玉笋、达摩、猴儿。故后人有严山十二洞之说。其实，又何止十二洞呢？不过随着岁月侵蚀、岩体风化，而今的十二洞已难——寻觅，可供观赏的除了达摩洞之外，尚有头台、二台、三台等3个洞，均以民间供奉观音菩萨为主题。

头台洞，因十二洞之首而得名，又称上台洞，海拔仅10米，深12米，宽20米。洞口外西侧摩崖上，有个硕大的一笔写就的"寿"字，相传是明太祖御笔。洞口正中为佛殿，明代始建，1991年翻建。殿后有石笋耸立。洞内存明清碑刻四方、犀牛望月石像一尊。洞中还有可容3人之洞中洞，名六祖洞。此外，据说洞中另有一洞，可通崖顶，远达镇江，其实不然，恐为讹传。

从头台洞向西约半公里处，有二台洞。二台洞，疑为利用山岩凿出的石屋。洞内有一观音龛，龛内观音立像，据说为明代所塑。

从二台洞向西约1公里是三台洞。三台洞，在所有洞中规模最大，共分三层，即下洞、中洞和上洞，洞径约10米，故为"三台"。下洞中，供唐代画家吴道子绘"童子拜观音"碑刻。

幕府山三台洞旧影

三台洞内观音画像碑旧影

另有一泉，名观音泉。泉上架有石桥，桥端立一尊木雕观音像。中洞左边，有两个竖洞，称为"落水洞"，从下往上看，犹如坐井观天。洞左又有唐吴道子绘观音像的石碑。从中洞可攀至上洞。上洞似燕子巢穴，紧贴在峭壁上。崖洞壁设望江亭，亭匾额题"江天一览"，为赏景最佳处。

应该说，幕府山的东北角严山一带保护、恢复较好。其头台、二台、三台洞与燕子矶组合成景区，较早向游人开放。除此而外，幕府山就是一个传统的采石场了。据《上元县志》云："山垄多石，居人煅以取灰，又名石灰山。"既是石灰山，近现代也就采石不止了。据粗略估计，仅近半个多世纪以来，被开采的矿石就达10多亿吨。其山的主峰原高200多米，现仅有70多米了。1999年，幕府山废弃采矿，着手生态恢复风景区建设，经过十几年的不懈努力，已现青山绿水之貌。值得一提的是，达摩洞已经整修。此外，还在达摩洞的下方人工打造了108个佛龛，每龛各置一尊神态各异的达摩铜铸像。一个以中国禅宗初祖达摩文化为主题的佛窟景区，已于2016年建成并对游客开放。

明万历状元焦竑有《达摩洞》诗一首，录之：

> 神龛沿绿屿，石洞俯苍波。
> 风雨江声壮，鱼龙夜气多。
> 停杯今日望，飞锡何时过。
> 欲问西来意，疏钟度薜萝。

射乌山桦墅摩崖石窟及题刻

南京汤山西北有座名称很特别的山，叫射乌山。"乌"，远古传说日中有"三足乌"，是太阳的代名词。相传，后羿爬了99座山，直到射乌山方射日的，而且还将射日与汤山温泉联系了起来：乌没汤山，化作温泉。

在充满神话色彩的射乌山西南麓，有一处鲜为人知的佛窟群，因其在山下桦墅村范围内，被称作桦墅摩崖石窟。令人困惑的是，这里仅有佛窟，却没有寺庙的踪影。据当地老人介绍，小时候在山上放牛，发现有和尚在那里种菜，因而认为山上过去肯定有寺庙，只是没亲眼看到。当地还有一个传说：山上的寺庙有灵气，见山下的环境好，一夜之间就"飞"下山落了脚。庙里的和尚早晨起来，发现自己已在山下，不知所措，连忙跪拜祈祷庙神显灵。于是就有了山下的佛窟。

按常理说，桦墅佛窟附近应该是有寺庙的。据学者朱偰在民国二十五年（1936年）所著的《金陵古迹图考》中称：寺庙为石佛庵，"庵

射乌山摩崖石窟

摩崖石窟石刻

在汤山之北二十里，古为拈花禅院；有石佛洞，就山凿成佛像数十，略如千佛岩。有碑二，一为永乐，一为天启六年（1626年）。"所谓"有碑二"，是指刻在山崖石壁上的题记，具体有"大明永乐元年二月吉日兴造"，"开山第一代白云禅师"以及"天中天""后""向""蒋"等。由此推定：石佛庵，应为明代永乐元年（1403年）由白云禅师兴建，距今已有600多年的历史。

旧传，桦墅摩崖石窟的石壁高约10米，大约有佛龛50余个。1968年因附近开采煤矿在这里堆土，将石窟全部埋没。1997年，南京师范大学旅游系师生曾在此考察，当时的石窟基本陷于泥土之中。2002年，当地文物部门对此进行了初步清理，其中8个佛龛露出了真面目。2008年，南京旅游学会专家访问射乌山，到了此处几无路，需踩着半人高的茅草探行。应该说，这里呈现出的是整体的纯洁。

桦墅摩崖石窟，是在山冈南面的石壁之上。摩崖的石质为沙质岩，比较坚硬。佛窟顺山体自然形状刻凿，错落有致。主石窟较大，其余石窟都很小，大多为一窟一佛，最小的石窟佛像高仅80厘米，均在主石窟的东壁。主石窟为一佛二菩萨，窟高190厘米，边壁雕有壶门形状。主佛像高140厘米，体宽58厘米，右胸露一乳，神情坦然，身后雕舟形背

光和圆形头光。左右二菩萨佛窟造像，
较主佛窟略低，与之相贯通，形成一
个组合。二菩萨着双领下垂大衣，胸
前挂璎珞饰物，结跏趺坐于仰莲座上。
其中以西边菩萨最为完整，色彩至今
仍然鲜艳。

　　专家认定，桦墅佛窟为"中国佛
像中有准确纪年、有原始彩绘留存的，
极少见的石窟艺术，非常珍贵"。还
有学者认为，从此处石窟佛像的造型
来看，应为"藏传密宗千佛组合"。
藏传佛教一般分布在我国的西藏、青
海、内蒙古一带，以及俄罗斯西伯利

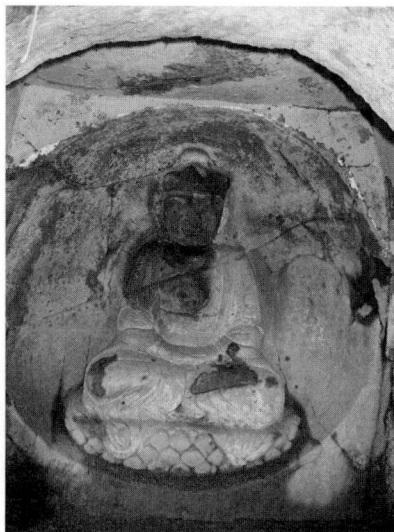

摩崖石窟内佛像

亚地区，很少有在南京传播的。但据史料记载，明永乐年间，西藏活佛
哈立麻曾在灵谷寺建斋讲经。明成祖朱棣还为其建大宝法王殿 99 间及画
廊。再有，就是民国时期在玄武湖环洲所建的喇嘛庙及诺那塔，以纪念
藏传佛教大师诺那呼图克图。如是而已。而桦墅佛窟，应该是南京地区
仅有的一处藏传密宗佛教石窟了。

　　2006 年，桦墅摩崖石窟被列为市级文物保护单位。

独峰寺摩崖石刻和白马寺诗碑

　　独峰寺和白马寺，是江北浦口区的两座古寺庙，现在虽然寺院已不在了，但均留下不少遗迹，成为佛寺文化的宝贵财富。

　　独峰寺，始建于唐代。据《江浦埤乘》记载：寺在江浦县城西五十里翠云山之阴，旧名翠云庵、九峰寺。因寺在山峦包裹之中，寺后一峰高耸，丛竹畅茂，故又名竹峰寺。宋代改寺名为中定寺。明崇祯元年（1628年），江浦知县李维樾请僧人道严在此开堂说法。因道严字独峰，遂易寺名为独峰寺。

　　清道光年间，僧人宏肇、德山居留独峰寺。县令冯应渭书所撰楹联赠之："竹环四面山三面，僧介千愁我万愁。"清咸丰年间，"千愁""万愁"的独峰寺在太平军战火中消亡，仅存摩崖石刻一方。石刻是一个"佛"字。"佛"字为1.5米见方，双线勾勒，笔锋雄健，据说刻于明嘉靖元年（1522年）。石刻的"佛"字，系明世宗朱厚熜御笔。相传，独峰寺四周的群山，呈苍龙回首返顾状；寺前有九龙槐，九干屈曲，自成龙形，故在此石刻御笔。此摩崖石刻，已被列为市级文物保护单位。

　　独峰寺所在的翠云山，是老山的余脉，顺延着老山走向，横亘东西，山尾入安徽和县，今称西山。这里"竹环四面山三面"，风景独好，且摩崖石刻不改旧颜。为此，寺院正以旧名九峰寺重建。

　　白马寺，始建于明永乐年间，又于万历年间由太仆少卿吴可达重修。此寺位于原江浦县城东门外一里处，山环泉绕，环境幽静。《金陵诗证》

独峰寺摩崖石刻

中收入的熊师望《春日游白马寺》一诗，描绘了白马寺的景观："石桥曲曲萝迷径，古刹幽幽翠作屏"，"禅关闲绝堪栖息，更有松风助朗音"。

明成化十九年（1483 年），名士陈献章与当地学者庄昶、石淮、晏谦来游，夜宿白马寺。他们在寺中切磋理学，诗兴大发，你吟我诵，唱和诗文，联句成五言律诗 1 首。诗云：

> 人生须此会，何更问阴晴。
> 动荡乾坤气，调和鼎鼐羹。
> 公来山阁雨，天共主人情。
> 未了鹅湖兴，江城又杀更。
> 寒风吹角短，细雨打更长。
> 天意留行李，灯花喜对床。
> 衣冠真率会，樽俎太和汤。
> 何限春消息，梅花不断香。

兴之所至，陈献章挥毫狂草，一气呵成，将这首联句五言律诗笔墨于纸上。后又将其刻石送寺主。这就有了传世的书法瑰宝《白马寺联句草书碑》。陈献章是明代著名的理学家、书法家。其书法作品存世很少，尤为珍贵。他的这幅狂草书法作品，笔走龙蛇，遒劲挺拔。当代书法家林散之对之评价极高，认为是中国书法艺术宝库中的罕见珍品。

《白马寺联句草书碑》，青石质，通高 1.52 米，宽 0.73 米，厚 0.14 米，圆首方座。正面碑文阴刻狂草，后附跋文："成化癸卯正月十八日，南海陈白沙（陈献章为广东新会人，居白沙村，人称白沙先生）同怀玉晏先生、定山庄先生、石淮石先生白马寺联句，录之以送庵主净敬。石斋书。"此碑曾因寺庙废毁而不知去向，直至 1977 年在珠江街道城东乡白马村被发现，现移至求雨山林散之纪念馆白马亭内。

清代江宁龚元超有诗《题白马寺》：

> 朝宗门外路，行曲入寒林。
> 古寺遗碑在，空阶落叶深。

金陵刻经处

在南京城市中心地带的淮海路与延龄巷交界处，有一个闹中取静的院落，这里是金陵刻经处的所在地。金陵刻经处，始建于清同治五年（1866年），是由晚清著名学者杨文会一手创办的。它初设于北极阁，继而迁到杨文会在常府街的住宅之中，后转迁至花牌楼（今太平路）一带。光绪二十三年（1897年），杨文会又将自己在延龄巷的住宅60余间及6亩多宅基地无偿捐给刻经处，作为永久刻印经像、收藏经版、流通佛经的庄严场所，一直沿用至今。

南京佛教经书的流通，可追溯到孙吴时期，支谦等一批佛教学者来到建业（今南京），译抄经书，相互交流，向外传教。到了宋代，开始了佛经的刻印发行。明洪武年间，在蒋山寺（即原开善寺）建立了皇家刻经处，校刻大藏经，为南京最早、规模最大的刻经发行案例。其经版后存于大报恩寺，可惜在太平天国时期被毁。金陵刻经处，则是近现代的一个专业佛教文化机构，集编校、刻印、发行佛教经典于一身，现今也是我国刻印流通木版佛经的唯一机构。

金陵刻经处的创立者杨文会（1837～1911年），字仁山，安徽石埭（今石台县）人。他早年不喜科举，习孔、孟、老、庄诸子之业，学天文、舆地、历算、音韵等，并精通多国语言，具有深厚的中华传统文化根底和勇于探索西方近代科学文化的精神。他在27岁时，因感染时疫，开始接触佛法。在此之前，他曾收藏一老尼授予的《金刚经》，虽阅之，难获解。病愈后，他检读《大乘起信论》，爱不释手，连读五遍，得其奥旨，对佛教产生了信仰。从此，他广求佛经，研究佛学，与佛教结下了不解之缘。

杨仁山

同治五年（1866年），杨文会移居南京，参与城市建设工作。当时江南久历兵燹，佛教典籍损毁殆尽，甚至连最普通的《无量寿经》和《十六观经》也难以觅得。这使他深感只有佛典广为流通，方能弘扬佛法，普济众生。于是，他与志同道合者十余人募捐集资，创办了金陵经书处，也就是后来正式命名的金陵刻经处。刊行的第一部经书为《净土四经》。刻经处草创时期，设写手1人、刻手7人、主僧1人、香火2人，所需经费由发起人按月认捐并派人外出劝募。

金陵刻经处正式成立后，杨文会"乃就金陵差次，擘画刻经。日则董理工程，夜则潜心佛学，校勘佛经而外，或诵经念佛，或静坐作观，往往至漏尽就寝"。他为刻经处规定了"三不刻"例，即：疑伪者不刻，文义浅俗者不刻，乩坛之书不刻。他曾说："鄙人志愿，亟望金陵刻经处刻成全藏，务使校对刷印，均极精审，庶不致贻误学者。至他处所刻未精之本，听其自行流通，本处概不与之合并成书。"这是杨文会立身做人的正直与研究学问的严谨之体现，也是金陵刻经处长盛不衰的根本原因。

杨文会对各类佛教典籍更是热心搜求，还从日本和朝鲜等国寻回了《中论疏》《百论疏》《唯识述记》《因明论疏》《华严三昧章》等国内散佚的隋唐佛教著述，约300种，加以刻印流布，使得三论宗、慈恩宗、华严宗等佛教宗派教义复明，方便后人研讨。在他的精心策划下，金陵刻经处还先后刊刻了《大藏辑要》，选佛典465种，计3300卷，另印刷佛像10万余张。由于金陵刻经处刊印流通的经书有不少是我国古代失传的佛典，加之刻版采用了经文与注疏结合的方式，并经严格校勘，各方信士皆誉其为"最精善之佛典版本"，与别处寺院直接从《明藏》《龙藏》翻刻者相比，有霄壤之别。金陵刻经处还藏有《西方极乐世界依正庄严图》《慈悲观音像》《灵山法会》等18种佛像雕版，均是杨文会于同治、光绪年间参照《造像量度经》等资料，延请南京著名刻工潘文法、甘国有、姜文卿精心刻制完成的。尤其是由群像构成的《灵山法会》，人物形象多达97人，画面几无虚隙，但却层次分明，章法严整，人物神情各不相同，艺术价值甚高，堪称我国佛像版之绝品。

集刻经与佛学教育研究于一体，也是金陵刻经处的一大特点。光绪

金陵刻经处研究部成员合影

三十三年(1907年)始,杨文会在刻经处内先后设立祇洹精舍、佛学研究会,
开中国佛学院之先河。研究会每月开会一次,每半月讲经一次。晚清著
名学者梁启超、谭嗣同、章太炎等,都曾来听他讲经。谭嗣同著《仁学》,
亦是在金陵刻经处完成的。为此,金陵刻经处不仅是全国性的佛经刻印
中心,也成为佛学研究中心和维新思想的孕育之地。

宣统三年(1911年),杨文会示寂。弟子欧阳渐等遵其"经版所在,
即灵柩所在"的遗愿,在刻经处深柳堂后、经版房前为其建墓塔安葬,
并继其伟业。杨文会被尊为"近代复兴佛学的一代宗师"。抗战期间,
刻经处历年所刻经版被迁往四川,而留下的数十万卷藏书和房屋被侵华
日军焚毁,仅其墓塔幸免于难。南京光复后,刻经处因经费问题一度停
止业务,靠出租房屋维持现状。

1952年,上海佛教界圆瑛、应慈、赵朴初等组成金陵刻经处护持委
员会,着手恢复刻经处工作。刻经处于1957年由中国佛教协会直接管辖,
在纪念玄奘法师逝世1300周年之际,首次刻齐补全了《玄奘法师译撰
全集》,印行百部流通,后虽在"文革"期间受到冲击,但改革开放后
迅速恢复业务,刻印出版了《藏要》《心经》《高僧传》等数百种经书,

金陵刻经处新修经版楼

其中包括已故台湾人周钟兰手抄的《妙法莲华经》5 万套、美国佛教界人士捐资托印的《实用佛学辞典》1000 套等，在海内外享有很高的声誉。难能可贵是，刻经处一直沿用的木刻水印、线装函套等传统工艺刻印经书，在他处已属罕见，对传统文化的物质保存方面具有重要的价值。2009 年，联合国教科文组织将刻经处的刻印技艺，列入到世界非物质文化遗产的名录之中。

祗洹精舍和支那内学院

　　祗洹精舍，位于金陵刻经处，由杨仁山居士于清光绪三十三年（1907年）冬创办，是中国近现代由国人自己开设的第一所高等僧学堂。

　　南京的佛教院校，源于日本僧人在光绪二十五年（1899年）开办东文学堂。因日僧还在上海、浙江等地建寺办学，引发了一场外交风波，促使清政府下令各地佛教徒都可以自办佛学院校。杨仁山居士首先开设了祗洹精舍，成为办僧学院校第一人。继后，两江总督端方于宣统元年（1909年）下令江苏省僧教育会，在南京三藏殿开办南京僧师范学堂，培养师职。民国时期，寺院自筹资金办学开始多了起来。其中有古林寺于民国二十二年（1933年）创办的古林佛学院；栖霞寺于民国二十五年（1936年）创办的栖霞律学院等。栖霞律学院于民国三十六年（1947年），改办为私立宗仰中学，以纪念栖霞寺中兴祖师宗仰，后至1951年由江宁县人民政府接管。

　　杨仁山创办的祗洹精舍，学制9年：前3年为初等，学习基础经论，学成可准授沙弥戒；中间3年为中等，学稍深的经律论，学成可准授比丘戒；最后3年为高等，研修数、律、禅、净等专门之学，学成能讲经说法者，可准授菩萨戒。学僧9年学成，方能作方丈，方可开堂说法、升座讲经、登坛传戒，始得称大和尚。精舍开设了佛学、汉文、英文等三门课程。曾聘苏曼殊为英文教师、李晓暾为汉文教师。佛学则由杨仁山、谛闲法师等讲授。精舍曾在镇江、扬州等各大寺院招收年轻僧人为学僧，也吸纳过一批在家居士。宣统元年（1909年），祗洹精舍因经费不足而停办，尽管如此，仍不失为开近现代南京高等僧院之先河。

　　在祗洹精舍停办十多年后的民国十一年（1922年），杨仁山的弟子欧阳渐居士创办了支那内学院。欧阳渐（1871～1943年），字竟无，江西宜黄人。他早年入南昌经训书院，研读经史哲学，并初涉佛学。光绪三十年（1904年），他来到南京，拜访金陵刻经处杨仁山，深受其教，坚定了学习佛教的信心。之后，他曾游学日本，寻访佛教遗籍，回国后曾在两广优级师范讲习。宣统二年（1910年），他再次来南京，从杨仁山研究佛学，专攻法相唯实学。次年，杨仁山逝世，临终嘱其主持金陵刻经处事务。欧阳渐接管金陵刻经处后，于民国元年（1912年），与桂伯华、黎端甫等创立佛教会；于民国三年（1914年）在金陵刻经处设佛学研究部，聚众讲学；于民国六年（1917年）刻成《瑜伽师地论》后50卷，分唯识、法相两宗，并为之写序言。他一生著述甚丰，晚年自编所存著作为《竟无内外学》26种，共30余卷。

欧阳渐创办的支那内学院，位于公园路，因古印度称中国为"支那"，而佛教自称"内学"，故而得名。学院以"师、悲、教、戒"四字为院训，经费除了由院基金会提供外，政府另拨助基金10万元，并以江苏国税项下每月划拨1000元。它在初创时设学、事两科。其中的学科，含教学、研究、述译、考订等事项。事科则为藏书、刻经、宣传等事务。以后其内设机构改为问学、研究两部和学务、事务、编校流通三处。自民国十四年（1925年）始，学院增设法相大学特科，其研究机构也相应调整，拓展为问学部、研究部和法相大学三部分。

支那内学院于民国十二年（1923年）九月正式开学，由欧阳渐任院长，并亲自授课，首届招收正学班10名学员、试学班16名学员，学制均为两年。学院又致力于唯识、法相等学的研究，出版年刊《内学》及《杂刊》等。此外，著名佛学家吕澄先生曾花费十年时间收集图书资料，用梵、巴、藏文字校勘编辑了400多万字的《藏要》，由欧阳渐为其作序二十多篇。这是中国汉文大藏经的第一次全面整理及刊刻。当时，金陵刻经处因经费缺失难以为继，暂停了刻经业务。而学院将这项业务继续了下去，共刻经140余种、1085卷。办学期间，正

欧阳竟无居士及其家人合影

支那内学院旧影

适梁启超在东南大学讲学，也曾前来听欧阳渐讲唯识学，执弟子礼。可见，学院不仅在佛学界，在社会上都具有相当的影响力。

抗日战争期间，支那内学院与金陵刻经处携历年所刻经版迁至四川江津，建内学院蜀院。而留在南京的房舍及数十万卷藏书均遭侵华日军毁坏。抗战胜利后，学院曾谋求在南京复院，未成。其蜀院则继续从事教学，至1952年秋停办。学院所刻经版及《藏要》纸型等，均移交金陵刻经处保管。

附

录

南京历代佛寺一览表

序　号	寺　名	寺　　址	核准时间
1	灵谷寺	玄武区灵谷寺路2号	1973.08
2	栖霞古寺	栖霞区栖霞街84号	1979.06
3	鸡鸣寺	玄武区鸡鸣寺路1号	1979.10
4	白马寺	浦口区江浦街道象山路21号	1982.12
5	宏觉寺	江宁区东善桥镇祖堂山	1993.06
6	松筠寺	浦口区星甸街道	1993.12
7	泰山寺	浦口区泰山街道泰西路24号	1993.12
8	观音寺	浦口区浦口区江浦街道	1993.07
9	祥云寺	浦口区星甸街道王村	1995.12
10	招贤寺	六合区金牛湖街道峨嵋村	1996.05
11	地藏寺	鼓楼区建宁路202号	1997.07
12	金光禅寺	六合区金牛湖街道金牛山	1998.01
13	毗卢寺	玄武区汉府街4号	1998.08
14	真如禅寺	高淳区东坝镇游子山	1998.12
15	大士禅林	六合区龙池街道肆柳村	1999.10
16	藏龙寺	江宁区汤山街道孟墓社区插花村	1999.10
17	明因禅寺	浦口区桥林街道西街民主组	1999.12
18	宏德寺	浦口区江浦街道珠江村委会	1999.12
19	灵岩禅寺	六合区灵岩山	2002.04
20	太平寺	六合区雄州街道瓜埠林场	2002.05
21	上国安寺	江宁区横溪镇甘泉湖社区	2002.06
22	惠济寺	浦口区汤泉街道惠济路	2002.12

序 号	寺 名	寺 址	核准时间
23	玄奘寺	玄武区北京东路九华山公园	2003.07
24	古瓦官寺	秦淮区花露北岗 12 号	2003.11
25	天妃宫观音寺	鼓楼区建宁路 284 号	2005.02
26	龙兴寺	浦口区老山狮子岭	2005.11
27	广佛寺	六合区竹镇镇泉水村	2005.11
28	龙泉禅寺	雨花台区铁心桥街道高家库	2006.06
29	保圣寺	高淳区淳溪镇宝塔路	2006.07
30	定林寺	江宁区江宁科学园方山	2006.07
31	圆通禅寺	高淳区古柏街道江张村	2006.09
32	无想禅寺	溧水区洪蓝镇无想山	2006.09
33	正觉寺	溧水区和凤镇吴村桥村	2006.09
34	黉庙	溧水区和凤镇孙家巷村杨家村	2006.09
35	宝鼎寺	溧水区白马镇石头寨村杨树山	2006.09
36	乌龙禅寺	溧水区白马镇革新村	2006.09
37	兜率寺	浦口区老山狮子岭	2006.09
38	玉泉寺	高淳区固城镇花山玉泉寺	2006.09
39	金粟庵	秦淮区双塘街道金粟庵路 22 号	2006.11
40	鹫峰寺	秦淮区白鹭洲公园内	2006.11
41	定山寺	浦口区珍珠泉旅游度假区内	2006.12
42	东庐观音寺	溧水区永阳街道东山村	2006.12
43	大仙寺	秦淮区光华路街道石山村	2007.11
44	大悲禅寺	六合区金牛湖街道新光社区	2008.09
45	马占寺	溧水区白马镇马占坳	2009.06
46	彰教寺	高淳区古柏街道韩村	2009.09
47	清凉寺	鼓楼区清凉山 83 号	2009.09
48	七佛寺	浦口区老山林场红星分场	2009.12

序 号	寺 名	寺 址	核准时间
49	王总寺	浦口区星甸街道王村	2009.12
50	崇福禅寺	六合区太子山公园	2009.12
51	小丹阳观音寺	江宁区横溪街道西岗社区	2010.06
52	都府寺	高淳区桠溪镇桥里村	2010.12
53	杨泗庙	高淳区古柏街道联合村祠神渡杨泗庙	2010.12
54	大山寺	高淳区桠溪镇村兰溪村大山村	2010.12
55	永济寺	幕燕滨江风景区	2011.01
56	高座寺	雨花台名胜风景区内	2011.03
57	云鹤禅寺	溧水区晶桥镇云鹤山村	2011.03
58	崇庆寺	溧水区永阳街道中山村崇庆寺村	2011.05
59	延安寺	溧水区东屏镇大金山国防园内	2011.11
60	佛顶寺	江宁区秣陵街道牛首社区	2012.09
61	善司寺	江宁区麒麟街道泉水社区	2012.10
62	灵峰寺	溧水区洪蓝镇傅家边村	2013.11
63	建初寺	大报恩寺遗址公园	2013.12
64	天隆寺	雨花台区阅宁路1号	2014.04

主要参考资料

［唐］许嵩撰，张忱石校点：《建康实录》，中华书局 1986 年版

［宋］张敦颐、李焘撰：《六朝事迹编类·六朝通鉴博议》，南京出版社 2007 年版

［宋］马光祖修，周应合纂：《景定建康志》，南京出版社 2009 年版

［元］张铉修纂：《至正金陵新志》南京出版社 2000 年版

［明］周晖撰：《金陵琐事·续金陵琐事·二续金陵琐事》南京出版社 2007 年版

［明］陈沂、孙应岳、［清］余宾硕撰：《金陵世纪·金陵选胜·金陵览古》南京出版社 2009 年版

［明］顾起元撰：《客座赘语》，南京出版社 2009 年版

［明］陈沂、盛时泰、［民国］汪闿著：《献花岩志·牛首山志·栖霞小志·覆舟山小志》，南京出版社 2010 年版

［明］葛寅亮撰：《金陵梵刹志》，南京出版社 2011 年版

［清］莫祥芝、甘绍盘修，汪士铎等纂：《同治上江两县志》，江苏古籍出版社 1991 年版

［清末民初］徐寿卿撰：《金陵杂志·金陵杂志续集》，南京出版社 2013 年版

［清末民初］孙文川、陈作霖著：《南朝佛志寺》，南京出版社 2008 年版

［民国］胡祥翰撰：《金陵胜迹志》，南京出版社 2012 年版

［民国］叶楚伧、柳诒徵主编，王焕镳编纂：《首都志》，正中书局 1935 年版

［民国］陈迺勋、杜福堃编：《新京备乘》，南京出版社 2014 年版

［民国］朱偰著：《金陵古迹名胜影集》，商务印书馆 1936 年版

［民国］张惠衣撰：《金陵大报恩寺塔志》，南京出版社 2007 年版

陈济民主编：《金陵逸事》，南京出版社 1981 年版

王惠萍著：《沧海桑田话浦口》，南京大学出版社 1990 年版

吕武进、李绍成、徐柏春编著：《南京地名源》，江苏科学技术出版社 1991 年版

蒋永才、狄树之主编：《南京之最》，南京出版社 1991 年版

杨荣良、高树森主编：《金陵佛寺揽胜》，南京出版社 1992 年版

季士家、韩品峥主编：《金陵胜迹大全》，南京出版社 1993 年版

韩品峥主编：《南京文物志》，方志出版社 1997 年版

南京市委党史办等编著：《南京百年风云》，南京出版社 1997 年版

杨新华、卢海鸣主编：《南京明清建筑》，南京大学出版社 2001 年版

杨新华、吴阗编著：《南京寺庙史话》，南京出版社 2003 年版

杨心佛著：《金陵十记》，古吴轩出版社 2003 年版

杨新华主编：《金陵佛寺大观》，方志出版社 2003 年版

南京市委党史办等编著：《南京历代风华》，南京出版社 2004 年版

南京市政协文史委员会编：《百里秦淮话沧桑》，南京出版社 2004 年版

南京市政协文史委员会编：《金陵名胜史话》，2006 年版

《中国名寺高僧》编委会编：《中国名寺高僧》，中国旅游出版社 2007 年版

六合区地方志工作办公室编：《古今六合》，方志出版社 2007 年版

许廷长、濮小南编著：《栖霞寺史话》，南京出版社 2008 年版

传义、净良主编：《溯流徂源：毗卢寺与中国近现代佛教》，宗教文化出版社 2008 年版

邢定康主编：《守望南京》，大众文艺出版社 2008 年版

政协江宁区委员会编：《江宁历史文化大观》，南京出版社 2008 年版

邢定康、季宁编著：《南京佛寺之旅》，南京市旅游局 2008 年版

霍慧萍执行主编：《秦淮文萃》，南京大学出版社 2008 年版

孙强主编：《魅力栖霞·文化遗产卷》，江苏文艺出版社 2008 年版

南京市委党史办等编著：《南京百科全书》，江苏人民出版社 2009 年版

吴之洪编著：《金陵大报恩寺历代高僧》，吉林人民出版社 2009 年版

胡阿祥、李天石、卢海鸣编著：《南京通史·六朝卷》，南京出版社 2009 年版

韩文宁编著：《幕燕史话》，南京出版社 2009 年 12 月出版

黄永武编著：《玄武湖史话》，南京出版社 2009 年版

薛冰编著：《清凉山史话》，南京出版社 2009 年版

贺云翱、蔡龙主编：《滨江明珠：南京幕燕滨江风貌区历史与文化》，译林出版社 2010 年版

叶皓著：《佛都南京》，南京出版社 2010 年版

叶皓主编：《重读南京》，南京出版社 2011 年版

阮荣春、张同标著：《中国佛教美术发展史》，东南大学出版社 2011 年版

珍珠泉旅游度假区管委会编：《江北第一游观之所——珍珠泉》，方志出版社 2012 年版

袁铭、符莹主编：《浦口文韵》，河海大学出版社 2013 年版

政协高淳区委员会编：《高淳历史文化大成》，2013 年版

邢定康著：《闲话南京》，南京出版社 2013 年版

夏维中、张铁宝、王刚等编著：《南京通史·清代卷》，南京出版社 2014 年版

汪晓茜著：《大匠筑迹：民国时代的南京职业建筑师》，东南大学出版社 2014 年版

邢定康、黄震方主编：《美丽江宁》，江苏凤凰科学技术出版社 2014 年出版

夏维中、祁海宁编著：《南京大报恩寺前世今生》，南京出版社 2015 年版

濮阳康京工作室编著：《高淳文脉探幽》，南京出版社 2015 年版

隆柏主编：《金陵梵刹旧影》，江苏凤凰美术出版社 2016 年版

后 记

　　去年接到南京出版社的邀约，请我编著《南京历代佛寺》一书。该书是南京出版社"品读南京"丛书中的一本。因当时已安排《不二集》等写作计划，以为不可分心，又自觉佛教文化专业性强、自己没把握写好等原因，便想找个理由推脱。《南京晨报》的邹尚得知后主动站了出来，愿意与我一起担当此任。他是我们旅游学会的会员，对南京地方志颇有研究，手中还握有数万张南京老照片。这就有了他的实力相助。

　　多年前，我和市旅游局（现为市旅游委员会）季宁合编过《南京佛寺之旅》的小册子。我是个做事较真的人，为编小册子曾实地察看了30多座寺庙，对南京佛寺还是有些许了解的。不过，那个小册子仅是针对游客的导游类口袋书，与现在接手的写作任务完全是两回事。好在有关这方面的专著已有不少，例如《金陵佛寺揽胜》《金陵佛寺大观》《南京寺庙史话》等，另有《南京地名源》等众多地方文化类书籍也都有佛寺内容，可供写作时参考。

　　实事求是地讲，有这么多资料的支撑，从中摘摘编编也不至于太为难自己。但我们不屑于此，因为我们都有一个共识，要么不写，要写就得写出点名堂来，至少与以往的版本有所不同。这既是对出版社，也是对广大读者负责。然而，资料看得越多，越有顾虑，因佛教文化的博大精深完全超出我的想象，对我这个门外汉来说，越发觉得难以胜任此写作任务。我的搭档邹尚亦有同感。好在虽倍感压力，却没有退缩。我们只有静下心来，老老实实学习，认认真真写作。

　　佛教文化历史悠远，影响广泛。如何通过南京的历代寺庙，深入浅出地介绍佛教文化，是我们写作中面临的一个难题。佛教，源于古印度南部（今尼泊尔境内），自公元一世纪传入中国后，便开始与中国传统文化相融合。其中最为显著的"表相"，就是佛教建筑。佛寺、佛塔、佛窟，为佛教建筑的三大代表。尤其是佛塔，原为供奉释迦牟尼身骨舍利的半圆形墓冢，一经入境，就与中国传统的高层楼阁相结合，形成新的建筑样式，曾被译作"高显"，以表达对佛祖的尊敬。甚至"塔"字，在汉字的金文、甲骨文中均查找不到，是佛教中国化后汉字的创新。为此，我和邹尚经过反复讨论，拟定以佛寺、佛塔、佛窟三大佛教建筑为脉络，分章节加以阐述。还在附录中列出南京历代佛寺名录，以为读者提供游览的"指南"。这样的布局谋篇，征求了南京师范大学沙润教授等人的意见，也与南京出版社社长卢海鸣博士有过交流，得到了他们的认同。

全书讲到的佛寺超过百座，名僧及居士也有八九十位。写作期间，我们拜访了栖霞寺住持隆相，向杨永泉等专家请教了有关问题，得到了市宗教部门，以及市旅游委员会季宁、包豪斯艺术设计工作室朱泽荣及海月、姚玲等人的支持和帮助。借此机会，对他们的志工之举表示由衷的谢意。南京出版社张龙为此书的联络和编辑付出了心血，值得点赞。我的搭档邹尚不仅积极参与了写作，还奉献出百余张私藏的图片资料，为全书增添了色彩。

《南京历代佛寺》一书的编写过程，也是学习的过程。作为《南京历代佛寺》的编著者，我们虽不是从事佛教研究的专业人员，但热爱南京，敬畏佛教文化，且肯努力钻研学习。由我们来担当此任，可能更便于跳出固有的圈子，来观察、思考和写作。这样的"僭越"可能会带来些许新鲜的气息。但愿如此吧。总之，无论此作品的成果如何，我们已耗"洪荒之力"。

邢定康　邹　尚